财经
法治

投服中心系列丛书
China Securities Investor Services Center

持股行权案例评析

2019年

郭文英◎主编

Cases Review of Shareholding for Voting Program

法律出版社
LAW PRESS·CHINA

持股行权案例评析

Cases Review of Shareholding for Voting Program

总　序

2018年金秋，中证中小投资者服务中心（以下简称投服中心）主编的“投服中心系列丛书”终于与大家见面了。投服中心是中国证监会直属的证券金融类公益机构，成立3年来，不忘初心，始终坚守保护中小投资者合法权益的使命，积极探索投资者保护新路径，努力引导投资者理性投资、全面知权、积极行权、依法维权。“投服中心系列丛书”的出版是对“知权、行权、维权”工作的一个总结，希望借此契机能凝聚一批法学学者、市场实务人士等专家对资本市场的热点难点问题进行长期的探讨研究。

自2014年成立以来，投服中心在中国证监会党委的领导和部署下，在证监会投资者保护局的指导和相关部门、各派出机构的支持下，在证监会系统兄弟单位和社会各界的大力支持下，从中小投资者权益保护和救济诉讼的实际需求出发，创新了一套适合我国资本市场中小投资者保护的机制和实现路径——以投资者教育工作为基础，通过事前持股行权、事中纠纷调解、事后支持诉讼来切实维护广大中小投资者的合法权益。投资者是资本市场发展的重要基石，培育良好的投资者群体，保护好广大中小投资者合法权益，是促进资本市场健康发展的重要一环，直接关系维护社会的公平正义，直接关乎亿万人民群众的切身利益。但中国资本市场的中小投资者既是数量上的多数，又是专业知识、投资理念、维权能力等方面的“弱势少数”，因此，中小投资者合法权益时常受到漠视甚至侵害。长期以来，中小投资者权益保护问题既是资本市场的一个宏观问题，又是要落实到每位投资者身上的微观问题。如何从立法层面更细致地规定中小投资者保护的内容，形成法律、行政法规、部门规章及操作性指引；如何从司法层面推动示范判决制度、探索强制调解机制等制度的建设；如何从监管层面创新机制，加大对侵害中小投资者合法权益的违法违规行为的打击和惩罚力度,更多地保护中小投资者的合法权益;如何帮助中小投资者树立权利意识,建立长期投资、价值投资理念,强化风险意识,提高维权能力。这些问题的解决都不是一蹴而就的,我们需要扎根于中国资本市场的土壤,需要政策、法律的研究,需要投保机制的创新,需要与广大中小投资者面对面的交流。为此,投服中心出版系列丛书,以投服中心工作为蓝本,研究了一些热点问题,探索了一条“投服模式”的投资者保护道路,积累了一些经验分享给读者。

“投服中心系列丛书”由《投资者权益知识读本》《持股行权案例评析》《纠纷调解案例评析》《支持诉讼案例评析》《投服研究》等书组成。其中《投资者权益知识读本》登载的“权益 360”系列文章,根据我国资本市场和广大投资者的实际情况,接地气、聚人气,本着知识性、实用性、趣味性的宗旨,为投资者普及权益知识。《持股行权案例评析》《纠纷调解案例评析》《支持诉讼案例评析》汇集了投服中心持股行权、纠纷调解及支持诉讼工作中具有代表性的实际案例,旨在进一步发挥投服中心示范引领作用,唤醒广大中小投资者的股东意识,督促上市公司提高依法运营水平;以及进一步探讨在全国范围内的建立调解合作、小额速调、诉调对接、证券支持诉讼示范判决等机制。《投服研究》选取了投服中心课题中较为突出的研究报告,包含投资者交易行为研究、上市公司章程反收购条款效力研究、证券市场投资者保护条例等一系列资本市场热点、难点问题的研究。“投服中心系列丛书”综合了普及性、专业性及学术性的特点,面向广大投资者、上市公司及专家学者等群体,期望与其一道共同推动中小投资者权益保护工作。

我们希望,“投服中心系列丛书”是一涓细流,能不断汇集中国资本市场土壤上的经验与创新机制,不断丰富学术理论,不断普及权益知识。我们相信,中国中小投资者保护事业能在资本市场各方的努力下,共同谱写新的篇章。

2018 年 8 月

前　言

为落实党中央、国务院关于资本市场投资者保护的整体部署，进一步探索和创新投资者尤其是中小投资者保护的新方法、新道路，中国证监会于2014年12月组建了专司中小投资者保护和服务的公益性机构——中证中小投资者服务中心(以下简称投服中心)。经中国证监会批准，投服中心自2016年2月在上海、广东和湖南开展持股行权试点，2017年4月将持股行权试点扩大至全国。2018年1月中国证监会颁布了《持股行权工作指引》，规定了持股行权工作的实施主体、范围、程序和方式等内容，进一步提升了该项工作的规范性、针对性和权威性。

持股行权是指投服中心持有沪、深交易所每家上市公司一手A股股票，通过行使质询、查阅、建议、表决、诉讼等股东权利，强化中小投资者保护、规范上市公司治理，示范引领中小投资者主动行权、依法维权。自行权业务开展以来，投服中心始终立足股东身份，坚持市场角度，运用法律手段，聚焦证券市场关注的重点、热点、难点问题，通过参加上市公司股东大会、参加重大资产重组媒体说明会、现场查阅、发送股东建议函、公开发声等方式，做积极股东、合格股东、示范股东。

此前投服中心选取了2016年、2017年针对重大资产重组行权的30个案例，编撰了《重大资产重组行权案例评析(2018年)》一书，获得了较好的社会反响。为了起到更好的示范效应，引领中小投资者全面知权、积极行权、依法维权，投服中心特选取了2018年日常行权的26个案例以及专项行权的4个案例，编撰了《持股行权案例评析(2019年)》一书。本书共分为三篇，第一篇进行了持股行权业务介绍，包括持股行权简介、持股行权主要关注事项、持股行权方式及类型、持股行权的主要作用和效果。第二篇结合26个关于重大资产重组的日常行权案例，从保护中小投资者的角度，逐一、详细地分析了重组方案中存在的侵害中小投资者合法权益的问题及投服中心采取的行权措施。第三篇介绍了集中参加百场股东大会以及上市公司收购轻资产公司 2 次专项行权。为充分发挥股东大会在公司治理中的作用,示范和引导广大中小股东积极参与并行使股东权益,投服中心于 2018 年 3 月至 6 月集中参加了 100 场股东大会,通过现场参会发现了突出的、共性的问题。针对 2011 年至 2017 年部分上市公司频繁收购轻资产公司的事项,投服中心结合 4 个案例,分析了针对上市公司收购轻资产公司,承诺期满后业绩断层严重侵害投资者权益的行权路径。

将持股行权案例编辑成书,有助于进一步宣传持股行权业务,使广大投资者对关系投资者合法权益的事项予以关注。

目　录

第三篇 专项行权案例

第一篇

持股行权业务介绍

Cases Review of Shareholding for Voting Program

一、持股行权简介

持股行权是指中证中小投资者服务中心(以下简称投服中心)持有沪、深证券交易所每家上市公司一手A股股票,行使质询、建议、表决、诉讼等股东权利。通过示范引领中小投资者主动行权、依法维权,规范上市公司治理,起到了强化中小投资者合法权益保护的作用。

为落实国务院《关于进一步促进资本市场健康发展的若干意见》(国发〔2014〕17号)、国务院办公厅《关于进一步加强资本市场中小投资者合法权益保护工作的意见》(国办发〔2013〕110号)的相关要求,探索和创新投资者尤其是中小投资者保护的新方法和新道路,中国证券监督管理委员会(以下简称证监会)于2014年12月组建了专司中小投资者保护和服务的公益机构投服中心。2016年2月经证监会批准,投服中心在上海、广东和湖南开展持股行权试点工作,2017年4月将持股行权范围扩展至全国。2018年1月证监会颁布了《持股行权工作指引》,规定了持股行权工作的实施主体、范围、程序和方式等,明确了证监会派出机构、证券交易所、中国结算、中证监测、各行业协会等在持股行权工作的信息共享和协调配合方面的支持协助。自持股行权业务开展以来,投服中心始终立足股东身份,坚持市场角度,运用法律手段,聚焦证券市场关注的热点、重点、难点问题。截至2019年7月底,投服中心共计持有3679家上市公司股票,共计行权2344场,累计行使包括建议权、质询权、表决权、查阅权、诉讼权、监时股东大会召集权在内的股东权利3059次。

二、持股行权主要关注事项

投服中心关注的事项包括中小投资者反映强烈的事项;侵害中小投资者合法权益且具有典型性、示范性的事项;舆论关注的重点、难点、热点事项;监管机构、自律组织等建议的事项等。例如,部分上市公司控股股东、实际控制人等相关方在重大重组过程中可能存在高价估值,虚假承诺,贱卖资产,巨额套利等行为,严重损害投资者合法权益;部分上市公司在关联交易过程中,可能存在定价不公允、利益输送等情况;部分上市公司控股股东、实际控制人滥用控制权占用上市公司资金,违规担保使上市公司承担更多潜在债务和损失;还有部分上市公司长期不分红,甚至利用技术手段规避现金分红义务,损害投资者的分红权。当上述事件发生时,投服中心就会积极行使股东权利,维护中小投资者的合法权益。

三、持股行权方式及类型

从持股行权的方式来看,投服中心的行权方式可分为现场行权和非现场行权。现场行权是指投服中心派员参加上市公司媒体说明会、投资者说明会、股东大会和进行现场查阅。非现场行权则主要包括网上问询、公开发声以及发送股东建议函。

从持股行权的类型来看,投服中心的行权类型主要分为日常行权和专项行权。日常行权是指通过分析每日舆情线索确定行权标的及方式的事项。专项行权是指投服中心根据当前资本市场存在的重点、难点和中小投资者关注的痛点问题,针对这些具有共性的损害投资者权益的事项集中行权或对某一重大典型事件进行行权。

四、持股行权的主要作用和效果

投服中心坚持为广大投资者特别是中小投资者提供优质服务的初心,通过多种方式持续深化持股行权工作,密切关注中小投资者利益痛点,不断探索、创新行权方式,行权质量和效果不断提升。持股行权主要作用和效果具体包括以下四个方面。

一是通过示范行使股东权利，激发广大中小投资者股东意识。作为资本市场敬业的“啄木鸟”，投服中心通过多次示范行使股东权利，引起了广泛的舆论好评。例如，2018 年利欧股份拟以 23.4 亿元高溢价收购微信公众号公司苏州梦嘉 75% 股权，此次收购引起了市场的广泛质疑。投服中心认真研究分析了上市公司此前连续跨界并购后财务状况的恶化趋势、标的资产的估值公允性、盈利模式以及持续盈利能力等方面的影响，以小股东的身份通过公开发声对上市公司进行了质询建议，呼吁上市公司就此次收购与广大中小投资者进行更充分的沟通，提供更完整的信息；呼吁广大中小投资者更积极地参与公司决策，依法行使股东权利，维护自己的合法权益。2018 年 10 月 12 日，利欧股份宣布主动终止此次收购。自持股行权工作开展以来，投服中心积极维护中小投资者合法权益，激发中小投资者的股东意识，在“授人以鱼”的同时做到了“授人以渔”。

二是督促上市公司及其相关方规范运作，提升信息披露的针对性和有效性。信息披露的质量对中小投资者的权益影响巨大。从强调信息披露真实性、准确性、完整性的“老三性”到充分性、一致性和可理解性的“新三性”，监管机构和投资者对上市公司的信息披露质量的要求在不断提高。投服中心通过参加重大资产重组媒体说明会，代表中小投资者向上市公司及相关方提出市场关注和质疑的问题，对督促上市公司严格按照有关规则规范开展并购重组，切实提升信息披露的针对性和有效性起到了良好的效果。同时，投服中心通过网上问询，发送股东建议函或公开发声，提示呼吁市场关注上市公司基本面情况，督促上市公司对中小投资者的质疑和关切及时回应，对上市公司在并购重组、关联交易、利润分配等其他重大事项上规范运作，提升信息披露的针对性和有效性起到了监督作用。

三是督促上市公司独立董事和中介机构勤勉尽责，切实发挥“看门人”作用。在上市公司重大资产重组，关联交易等影响中小投资者权益的事项中，上市公司的独立董事以及为上市公司提供服务的财务顾问、会计师事务所、律师事务所、资产评估机构等中介机构，应勤勉尽责保护投资者合法权益。上市公司独立董事和中介机构作为法律、审计、评估、行业等方面的专家，参与上市公司的重大交易决策或为上市公司进行有关专业服务，其出具的相关意见和报告是中小投资者参考和研究的基本资料，也是投资者判断上市公司价值的重要依据，独立董事和中介机构的

“背书”直接影响了一些中小投资者的判断和决策。投服中心立足中小股东视角,对上市公司的重大交易预案等公开资料进行研究,通过多种方式提出专业化的问题,有效督促了中介机构及独立董事对上市公司的重大交易严格审查,审慎判断,真正勤勉尽责履职,切实发挥资本市场“看门人”的作用。

四是与交易所自律监管和证券行政监管形成合力,给上市公司全面画像。上市公司控股股东、实际控制人等相关方不履行业绩承诺,违规担保,非经营性占用上市公司资金,上市公司存在的不当关联交易抑或是存在“三高”问题的重组方案,都对中小投资者权益造成了严重的损害,也占用了大量的监管资源。投服中心着眼中小投资者利益痛点,对上市公司行使质询、建议、表决等股东权利,能够与交易所“刨根问底”式问询和证监会派出机构的现场检查等行政监管密切配合,相互参考,在及时发现并预防上市公司存在的潜在风险,促进上市公司合法合规经营,提升公司治理水平等方面形成了有效合力,有利于给上市公司全面画像,从而进一步提升了上市公司整体质量,提升了资本市场投资者保护整体水平。

第二篇

重大资产重组日常行权案例

Cases Review of Shareholding for Voting Program

案例1　奥瑞德发行股份及支付现金购买合肥瑞成、香港瑞控

2017年12月30日，奥瑞德光电股份有限公司（以下简称奥瑞德，股票代码为600666）公告了《发行股份及支付现金购买资产并募集配套资金暨关联交易预案（修订稿）》（以下简称《重组预案》），拟以发行股份方式购买合肥瑞成产业投资有限公司（以下简称合肥瑞成）100%股权，以支付现金方式购买瑞控控股有限公司（以下简称香港瑞控）16%股权。

一、案例简介

（一）上市公司基本情况

奥瑞德成立于1992年，于1993年7月12日在上海证券交易所主板上市交易。发布《重组预案》时，奥瑞德股价为17.40元/股，总股本为1,227,326,200股，总市值213.55亿元，在本次交易前，奥瑞德控股股东为左某某、褚某霞（二人为夫妻关系，以下简称左某某夫妇），持股比例为31.83%。

奥瑞德属于计算机、通信和其他电子设备制造业，主营业务为蓝宝石晶体材料、蓝宝石晶体生长专用装备及蓝宝石制品的研发、生产和销售；硬脆材料精密加工专用设备的研发、设计、生产和销售；3D玻璃热弯机研发、生产和销售，其最近两年及一期的财务状况和经营成果如表1－1所示。

表 1－1　奥瑞德基本财务指标　　单位:万元

项目	2017 年 9 月 30 日	2016 年 12 月 31 日	2015 年 12 月 31 日
总资产	666,157.56	683,570.46	582,651.50
总负债	398,383.96	423,934.20	370,445.70
股东权益	267,773.60	259,636.27	212,205.80
项目	2017 年 1～9 月	2016 年	2015 年
营业收入	69,880.40	147,863.70	115,083.69
利润总额	9316.42	54,118.22	35,916.74
净利润	8137.33	46,670.46	29,966.51

(二)标的公司基本情况

本次重组交易中,购买合肥瑞成 100% 股权的交易对方为杭州睿岳投资管理合伙企业(有限合伙)(以下简称杭州睿岳)、合肥市信挚投资合伙企业(有限合伙)(以下简称合肥信挚)、北京嘉广资产管理中心(有限合伙)(以下简称北京嘉广)、北京瑞弘半导体产业投资中心(有限合伙)(以下简称北京瑞弘)、北京嘉坤资产管理中心(有限合伙)(以下简称北京嘉坤);购买香港瑞控 16% 股权的交易对手为 China Wealth Growth Fund II L. P。

合肥瑞成于 2015 年 11 月 11 日在合肥成立。香港瑞控于 2015 年 11 月 24 日在香港成立,合肥瑞成股权关系结构如图 1－1 所示。

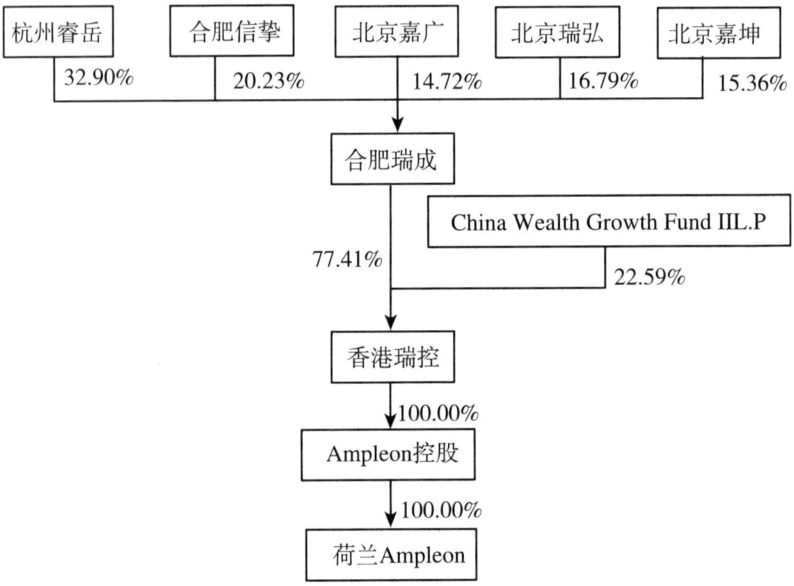

图 1－1　合肥瑞成股权关系结构

本次交易完成后,奥瑞德将间接持有香港瑞控 93.41% 股权。香港瑞控持有 Ampleon 集团 100% 的权益。Ampleon 集团为全球领先的射频功率芯片供应商,专业研发、设计、生产和销售高功率射频功率芯片产品,其产品主要应用于移动通信(基站)领域,并在航天、照明、能量传输等领域存在广泛用途。合肥瑞成的审计、评估工作尚未完成,其经营数据预案未披露。

(三)重大资产重组方案精要

奥瑞德本次拟以发行股份及支付现金方式收购合肥瑞成 100% 股权及香港瑞控 16% 的股权,同时通过询价方式向不超过 10 名符合条件的特定投资者非公开发行股份募集配套资金。募集资金总额不超过 37.50 亿元,不超过本次拟发行股份方式购买资产的交易价格的 100% 。重组完成后,奥瑞德的主营业务将增加射频功率芯片的研发、设计、生产和销售相关业务。

1. 发行股份及支付现金购买资产

奥瑞德拟以发行股份的方式收购合肥瑞成 100% 股权。合肥瑞成的实际经营主体为位于荷兰的 Ampleon 集团,Ampleon 集团为全球领先的射频功率芯片供应商。截至《重组预案》签署日,合肥瑞成的审计和评估工作尚未完成,截至 2017 年 8 月 31 日,合肥瑞成 100% 股权的预估值为 71.85 亿元,香港瑞控 100% 股权的预估值为 90.64 亿元。经交易各方初步协商,合肥瑞成 100% 股权的交易价格暂定为 718,500.00 万元,香港瑞控 16% 股权的交易价格暂定为 145,025.29 万元。

奥瑞德发行股份的价格不得低于市场参考价的 90% ,本次发行股份购买资产的股票发行定价基准日为奥瑞德第八届董事会第四十三次会议决议公告日,发行价格为定价基准日前 20 个交易日上市公司股票交易均价的 90% 。结合已经实施的分红情况,发行股份的价格调整为 15.88 元/股。

2. 交易构成重大资产重组不构成重组上市

奥瑞德 2016 年年末经审计的归属于母公司所有者权益为 257,971.13 万元,本次交易中资产初步作价为 86.35 亿元,交易金额占奥瑞德最近一个会计年度末经审计的归属于母公司所有者权益的比例超过 50% ,且超过 5000 万元,本次交易构成重大资产重组。本次交易前后,奥瑞德的控股股东及实际控制人均为左某某夫妇,本次交易不构成重组上市。

3. 奥瑞德实际控制人提前入股合肥瑞成

2017年5月5日,合肥信挚、北京嘉广、北京嘉坤、北京瑞弘、杭州睿岳等相关各方签署《关于合肥瑞成产业投资有限公司之股权转让协议》,并于2017年9月至12月分别签署相关补充协议。合肥信挚及北京嘉广分别将其所持合肥瑞成股份转让给北京瑞弘、北京嘉坤、杭州睿岳,杭州睿岳成为合肥瑞成的股东。2017年6月9日,上市公司接到上市公司实际控制人、控股股东、董事长左某某通知,拟筹划相关重大资产重组事项。上市公司股票因此自6月12日因重大资产重组停牌。2017年9月4日,左某某受让杭州睿岳99%出资并担任普通合伙人,据此,奥瑞德实际控制人左某某通过收购杭州睿岳的方式在上市公司重大资产重组停牌期间入股合肥瑞成,截至《重组预案》签署日,杭州睿岳尚未全额支付相应股权转让价款。

4. 业绩承诺及补偿

本次交易尚未明确具体的业绩补偿安排。截至《重组预案》签署日,标的公司的审计、评估等工作尚未完成。具体业绩补偿安排待具有证券业务资质的审计机构、评估机构完成相关审计、评估工作后,由相关各方根据法律法规和监管要求协商确定并另行签署《业绩补偿协议》。

5. 交易完成后奥瑞德股权结构

《重组预案》披露,交易前奥瑞德的控股股东、实际控制人左某某夫妇,左某某夫妇及一致行动人李某某、褚某波合计持有奥瑞德31.99%的股份。本次股份转让后,左某某夫妇及其一致行动人李某某、褚某波、杭州睿岳将合计持有上市公司32.13%股份。本次交易前后奥瑞德股本结构的变化情况如表1-2所示。

表1-2 本次交易前后奥瑞德股本结构变化情况

股东名称	本次交易前		本次交易后(不考虑募集配套资金)	
	数量(万股)	比例	数量(万股)	比例
左某某夫妇及一致行动人	39,258.11	31.99%	39,258.11	23.27%
杭州睿岳	—	—	14,885.06	8.86%
合肥信挚	—	—	9153.62	5.45%
北京嘉广	—	—	6659.26	3.96%

续表

股东名称	本次交易前		本次交易后(不考虑募集配套资金)	
	数量(万股)	比例	数量(万股)	比例
北京瑞弘	—	—	7597.83	4.52%
北京嘉坤	—	—	6949.83	4.14%
其他股东	83,474.51	68.01%	83,474.51	49.80%
合计	122,732.62	100.00%	167,978.22	100.00%

二、案例分析

(一)行权过程

2018年1月5日,投服中心参加奥瑞德重大资产重组媒体说明会,现场向奥瑞德提出以下四个方面问题:一是本次重组是否构成重组上市;二是标的资产权属是否清晰,过户或者转移是否存在法律障碍;三是交易的不确定性风险;四是标的资产盈利的可持续性。最终,奥瑞德于2018年4月28日终止了这次重组。

(二)行权内容分析

1.本次重组是否构成重组上市

奥瑞德自2017年6月12日开始停牌筹划重大资产重组,2017年5月至12月合肥瑞成新老股东之间签署了一系列股权转让协议。投服中心提出,相关各方是否在本次重组停牌前6个月及停牌期间,通过分散标的资产的股权结构、由上市公司实际控制人提前入股标的公司等方式,降低交易对手重组后持有上市股份比例,巩固上市公司实际控制人地位,进而规避重组上市监管的情形。

合肥信挚、北京嘉广、北京瑞弘、北京嘉坤执行事务合伙人中均包括建广资产,其中北京嘉坤和北京瑞弘因普通合伙人及执行合伙人均为建广资产而构成一致行动人。建广资产作为合肥信挚、北京嘉广的执行事务合伙人,虽然以补充协议形式让渡了部分合伙事务的决策权,但仍保留了对收益分配机制、投资项目退出、董事提名、对标的公司股权转让、章程修改、增减注册资本等重大事宜的决策权。考虑到建广资产在2015年从NXP手中收购荷兰Ampleon过程中的主导地位,后续在业务开展、技术研发、产品销售及公司治理等多领域为荷兰Ampleon提供的支持以及在资本运作层面的经验,请问上述 4 家交易对手是否符合《上市公司收购管理办法》第 83 条规定的"受同一主体控制"的一致行动人,若构成一致行动人,其合计有奥瑞德 26.93% 股份,持股比例高于左某某夫妇及其一致行动人当前持有上市公司 23.27% 股份,若剔除 2015 年重组上市时业绩承诺无法实现而补偿的股份,左某某夫妇及其一致行动人持股比例将降至 14.5% 左右,进而导致奥瑞德实际控制人发生变更,构成重组上市。

2. 标的资产权属是否清晰,过户或者转移是否存在法律障碍

《重组预案》披露,香港瑞控 100% 股份已质押给中国银行卢森堡分行;Ampleon 控股已经与中国银行卢森堡支行、中国进出口银行、中国民生银行股份有限公司签署了并购贷款协议和《担保协议》,担保资产包括标的公司主要子公司(荷兰 Ampleon)的股权及主要资产,而 Ampleon 控股并购贷款仍有 2.75 亿美元未偿还。标的资产是否符合《上市公司重大资产重组管理办法》(2016 年修订)第 11 条第四项要求存疑。

3. 交易的不确定性风险

交易对手杭州睿岳 21.88 亿元股权转让款已经支付 10 亿元,其资金来源于渤海信托提供的委托贷款,该贷款期限至 2018 年 1 月 19 日届满,杭州睿岳作为一个不具有实际经营业务的合伙企业,能否如期偿还贷款存在重大不确定性。杭州睿岳在 2018 年 2 月 10 日前需支付剩余的 11.88 亿元暂无资金来源,且距离付款截止日所剩时间较短。作为杭州睿岳普通合伙人及 99% 出资比例的合伙人,左某某所持上市公司股权质押率为 98.1%,左某某夫妇所持上市公司股权质押率为 95.98%,因此,杭州睿岳和左某某以上市公司股权筹措资金几无可能。

综上所述,杭州睿岳股权转让协议因付款违约被终止的风险较高,在股权转让款未支付完毕且股权转让的工商登记未完成的情况下,杭州睿岳将不具备合肥瑞成的股东资格,现有方案将无法继续。奥瑞德经过长时间的停牌后可能会再次出现突然宣布终止重组进程,影响广大投资者股票交易的情况。

4. 标的资产盈利的可持续性

(1)标的资产盈利能力问题

《重组预案》披露,标的资产合肥瑞成因无形资产摊销及并购贷款利息产生的财务费用影响,2015 年 11 月 11 日至 2015 年年末和 2016 年利润总额分别为

-7087.41 万元和-12,812.21 万元。从产品毛利率来看,基站芯片和多元化应用芯片在2015 年11 月13 日至12 月13 日的毛利率分别为3.4%、0.7%,2016 年毛利分别达到了51.3%、74.6%,2017 年1~8 月的毛利为47.5%、68.6%,产品毛利差异和波动较大。重组后标的资产能否盈利,给投资者带来回报存疑。

(2)标的资产主要封装基地是否可持续生产问题

Ampleon(菲律宾)为Ampleon 集团的主要生产平台,拥有射频功率芯片的封装测试工厂,负责射频功率芯片后期封装测试,其产品全部销售给荷兰Ampleon。Ampleon(菲律宾)租用的房屋租赁期限已经于2017 年12 月6 日期满。作为射频功率芯片后期封装测试的主力工厂,该工厂产品结构以及产量占标的资产产品总产量的比例为多少,若Ampleon(菲律宾)不能续租,标的资产能否持续经营存在不确定性。考虑到租期已经届满以及封装生产的特殊要求,若Ampleon(菲律宾)无法获得合理的租金价格,对标的资产的盈利能力产生影响如何。

(3)重组后整合问题

本次重组属于跨界重组,奥瑞德主营的蓝宝石晶体材料、单晶炉、蓝宝石制品的研发、生产和销售与标的资产主营的射频功率芯片的研发、设计、生产和销售业务分属不同产业。建立企业管理团队、保证管理团队的稳定、留住原有客户等都是收购后所要面临的整合问题。投服中心提出,请奥瑞德结合上市公司、实际控制人、管理团队的经历和背景,说明重组后对标的资产进行整合及管控的措施的可行性。

研发及技术壁垒是射频功率芯片行业的重要壁垒,射频功率芯片制造过程中,对科研人员的研发及技术水平有较高的要求,因此,技术研发人员的稳定对标的资产的持续经营及盈利能力至关重要。《重组预案》披露,Ampleon 集团2017 年研发人员约270 人,2016 年及2017 年1~8 月累计新增研发人员数量145 人,累计离职研发人员数量为96 人。投服中心向奥瑞德提出,若本次重组成功,奥瑞德如何激励和留住技术人员,改善技术人员的高流动率,进而保持标的公司持续盈利。

案例2　冀东水泥重大资产重组

2017年12月29日，唐山冀东水泥股份有限公司（以下简称冀东水泥，股票代码为000401）公告了《出资组建合资公司重大资产重组暨关联交易预案》（以下简称《重组预案》），间接控股股东北京金隅集团股份有限公司（以下简称金隅集团）拟以所持有的北京金隅水泥经贸有限公司（以下简称金隅水泥经贸）等10家公司的股权出资与冀东水泥（冀东水泥以其持有的部分水泥企业股权或资产作为出资）共同组建合资公司。

一、案例简介

（一）上市公司基本情况

冀东水泥成立于1994年，于1996年5月30日在深圳证券交易所主板上市交易。发布《重组预案》前，冀东水泥股价为13.79元/股，总股本为1,347,522,914股，总市值185.82亿元。2016年金隅集团取得对冀东水泥的控制权，由于金隅集团与冀东水泥在水泥业务领域存在持续的、无法避免的同业竞争问题，为解决同业竞争问题，金隅集团与冀东水泥将各自持有的部分水泥企业股权/资产出资组建合资公司。本次交易构成重组上市，合资公司组建后，冀东水泥将拥有合资公司控股权。

冀东水泥属于水泥行业，主营业务为硅酸盐水泥、熟料及相关建材产品的制造、销售等，其最近三年及一期的财务状况和经营成果如表2－1所示。

表 2－1　冀东水泥基本财务指标　　单位：万元

项目	2017 年 9 月 30 日	2016 年 12 月 31 日	2015 年 12 月 31 日	2014 年 12 月 31 日
总资产	4,173,308.33	4,148,004.59	4,128,123.38	4,405,427.34
总负债	3,018,312.36	3,031,217.22	2,994,819.28	3,061,715.74
股东权益	1,154,995.96	1,116,787.36	1,133,304.11	1,343,711.6
项目	2017 年 1～9 月	2016 年	2015 年	2014 年
营业收入	1,139,329.08	1,233,515.49	1,110,824.78	1,566,473.54
利润总额	56,988.22	19,884.45	－173,565.57	－17,915.58
净利润	37,863.97	－2365.34	－215,034.41	－27,748.06

（二）标的资产基本情况

本次交易标的资产为金隅集团所持有的 10 家标的公司的股权，具体名称及持股比例如表 2－2 所示。

表 2－2　标的资产的公司名称及持股比例

序号	标的公司名称	金隅集团持股比例
1	北京金隅水泥经贸有限公司	100%
2	河北金隅鼎鑫水泥有限公司	100%
3	邯郸金隅太行水泥有限责任公司	92.63%
4	曲阳金隅水泥有限公司	90%
5	承德金隅水泥有限责任公司	85%
6	广灵金隅水泥有限公司	100%
7	博爱金隅水泥有限公司	95%
8	四平金隅水泥有限公司	52%
9	北京金隅红树林环保技术有限责任公司	51%
10	北京金隅水泥节能科技有限公司	100%

10 家标的公司主要提供水泥及水泥熟料、环保固废处理服务两大类产品及服务，其最近三年及一期主要财务指标如表 2－3 所示。

表2-3　标的资产主要财务数据　单位:万元

项目	2017年9月30日	2016年12月31日	2015年12月31日	2014年12月31日
总资产	1,670,629.94	1,520,481.6	1,502,291.15	1,533,419.66
总负债	846,623.5	768,378.21	693,910.31	733,772.59
股东权益	824,006.44	752,103.39	808,380.83	799,647.08
项目	2017年1~9月	2016年	2015年	2014年
营业收入	827,827.64	814,352.68	780,375.55	985,318.24
营业利润	93,839.95	560.52	-11,111.04	15,506.47
利润总额	94,159.75	19,702.31	11,208.76	48,433.17
净利润	71,050.4	14,256.47	8379.13	37,355.32

(三)重大资产重组方案精要

本次重组主要涉及冀东水泥与金隅集团合资共同组建合资公司,间接控股股东金隅集团将水泥业务装入合资公司,以解决同业竞争问题。本次重组完成后,冀东水泥将获得优质的水泥行业资产,在扩大企业生产规模的基础上,通过生产要素互补将最大限度地发挥规模效应和协同效应,实现对京津冀地区水泥产业的整合。

1. 交易方式

金隅集团拟以所持有的金隅水泥经贸等10家公司的股权出资,冀东水泥拟以所持有的冀东水泥滦县有限责任公司等20家公司的股权及唐山冀东水泥股份有限公司唐山分公司等2家分公司的资产出资,双方共同组建合资公司。合资公司组建后,冀东水泥拥有合资公司控股权。

为解决冀东水泥与金隅集团之间的同业竞争问题,冀东水泥与金隅集团已于2017年12月签订《股权托管协议》,金隅集团将其持有的剩余水泥公司股权除所有权、收益权之外的权利全部委托冀东水泥管理,包括但不限于股东表决权、管理者的委派权或选择权,并支付托管费用。此外,金隅集团已做出承诺:自本次交易完成之日起的3年内,将上述托管的股权以出资、出售或其他法律法规许可的方式注入合资公司或冀东水泥。为保障上市公司的利益,金隅集团已就该内容与冀东水泥签订《关于避免同业竞争的协议》。

2. 合资公司股权分配及注册资本

合资双方对合资公司的出资额将依照双方用于出资的资产最终经北京市国资

委核准的评估值确定。根据合资双方拟出资资产预估结果测算，冀东水泥将持有合资公司约52.58%股权，金隅集团将持有合资公司约47.42%股权。合资公司注册资本拟定为30亿元（以最终工商登记为准），资本溢价部分计入合资公司资本公积。

3.标的公司过渡期安排

过渡期内，合资双方用于作价出资的股权或资产对应的损益由合资公司享有和承担。

4.交易性质

金隅集团为冀东水泥的间接控股股东，2016年金隅集团取得对冀东水泥的控制权，本次交易构成关联交易。交易完成后，冀东水泥将拥有合资公司的控股权。根据冀东水泥2015年经审计的合并财务会计报告，2015年冀东水泥亏损215,034.41万元。根据未经审计的模拟合并报表，本次交易标的资产2016年净利润为14,256.47万元（扣除非经常性损益前后的净利润的较高者），标的资产最近一个会计年度所产生的净利润达到冀东水泥控制权发生变更前一个会计年度经审计的合并财务会计报告净利润的100%以上。因此，本次交易构成证监会规定的上市公司重大资产重组，并构成重组上市，须提交证监会并购重组审核委员会审核，取得证监会核准后方可实施。

5.业绩承诺与补偿协议

2018年2月7日，交易双方签署《业绩补偿协议》，约定标的矿业权于2018年、2019年和2020年的承诺净利润数分别为4508.52万元、4818.64万元和6454.97万元；标的专利权及软件著作权所属业务于2018年、2019年和2020年承诺营业收入数均为52,924.05万元。若标的矿业、标的专利权及软件著作权所属业务累计实现净利润、营业收入未达到累计承诺净利润、营业收入数，则金隅集团将以现金方式对冀东水泥进行补偿。

当期应补偿金额＝（截至当期期末累计承诺净利润或营业收入－截至当期期末累计实际净利润或营业收入）÷承诺年度内各年的承诺净利润或营业收入总和×标的交易对价－出让方已补偿金额。（业绩补偿安排系冀东水泥按照投服中心参加重大资产重组媒体说明会现场提出问题之后增加部分）

二、案例分析

(一)行权过程

2018年1月12日,投服中心参加冀东水泥重大资产重组媒体说明会,现场向冀东水泥提出四个方面的问题:一是本次重组上市是否存在重大不确定性;二是本次重组是否存在合规性风险;三是标的资产是否存在财务性风险;四是未规定业绩补偿安排是否合理。最终,证监会于2018年5月29日核准冀东水泥本次重组交易。

(二)行权内容分析

1. 重组上市可能存在重大不确定性

《重整预案》披露,2016年冀东水泥的控制权变更为金隅集团,标的资产最近一个会计年度所产生的净利润达到冀东水泥控制权发生变更前一个会计年度经审计的合并财务会计报告净利润的100%以上。按照《上市公司重大资产重组管理办法(2016年修订)》(以下简称《重组管理办法》)第13条的规定,上市公司自控制权变更之日起60个月内向收购人购买资产,且相关指标达到100%以上,构成重组上市。

(1)本次重组安排是否合理。《重整预案》披露,本次交易金隅集团以其持有的10家公司股权出资与上市公司共同设立合资公司,金隅集团同时将其持有的剩余水泥公司股权除所有权、收益权外的权利全部委托冀东水泥管理,并承诺3年内将托管股权再注入合资公司。2016年12月上市公司公告中止与金隅集团等交易对方的重大资产重组项目。相比2016年6月上市公司公布的重组方案,当时金隅集团计划将其持有的31家公司股权转让给上市公司,本次金隅集团分批将下属水泥公司股权注入合资公司,未一次性解决冀东水泥与金属集团之间的同业竞争的问题。对于部分与标的资产从事相同或类似业务的公司未纳入本次交易范围的理由未知。

(2)本次重组上市是否符合《首次公开发行股票并上市管理办法》(以下简称《首发管理办法》)第19条、第20条的规定。依据《首发管理办法》第20条的规定,发行人应有严格的资金管理制度,不得存在资金被控股股东、实际控制人及其控制的其他企业以借款、代偿债务、代垫款或者其他方式占有。同时,《上市公司重大资产重组管理办法第三条有关拟购买资产存在资金占用问题的适用意见》规定,拟购买资产存在被其他股东及其关联方、资产所有人及其关联方非经营性资金占用的,上市公司应当对此问题进行特别说明,独立财务顾问应当核查并发表意见,并应当在证监会受理重大资产重组申报材料前解除。另外,《首发管理办法》第19条规定,发行人不得存在为控股股东、实际控制人及其控制的其他企业进行违规担保的情形。

预案及上市公司对深交所的回复函披露,标的公司与金隅集团控制的其他公司之间存在往来款,标的公司鼎鑫水泥为金隅集团下属关联公司通达耐火技术股份有限公司提供的9000万元担保,计划于股东大会之前解除。而依据金隅集团的公司公告显示,金隅集团与标的公司近3年持续存在非经营性资金占用及其他关联方资金往来,主要为提供借款、采购货物、销售商品等资金往来。标的公司与金隅集团控制的其他公司之间往来款的解除是否会对标的公司的正常经营产生严重影响未知。相关担保决策程序是否符合公司章程规定的对外担保的审批权限和审议程序不明。需要公司进一步说明交易解除后借贷、日常经营性交易的替代安排。目前,标的资产不符合《首发管理办法》第19条、第20条的规定。

(3)关联交易信息披露不完整。预案披露,标的公司与金隅集团及其下属公司存在与日常经营相关的关联交易,关联交易内容包括购买货物、接受劳务服务、销售商品、提供劳务服务等,但未详细披露具体关联交易及定价依据等。依据《首发管理办法》第25条的规定,发行人应完整披露关联方关系并按重要性原则恰当披露关联交易,关联交易价格应公允,不存在通过关联交易操纵利润的情形。投服中心提出,请标的公司按照交易的性质和频率,按照经常性和偶发性分类说明最近三年及一期的关联交易内容、金额、价格的确定方式,占当期营业收入、营业成本及同类型交易的比重,并说明前述关联交易是否将持续进行。

(4)重组后是否对金隅集团产生不利影响。本次交易对方金隅集团为"A+H"股上市公司,金隅集团以其持有的10家公司股权出资与上市公司共同设立合资公司,将其下属水泥行业的公司注入上市公司。投服中心提出,请财务顾问说明标的公司与金隅集团是否在供销渠道、业务、资产、财务、人员等方面保持独立,高级管理人员是否存在交叉任职,重组完成后是否存在损害金隅集团上市公司核心资产、业务独立经营和持续盈利能力的情况。

2. 本次重组交易是否存在合规性风险

(1)标的资产未取得相关经营资质。上市公司对深圳证券交易所的回复函中披露,鼎鑫水泥尚未取得采矿证。2016年证监会对上市公司重组审批二次反馈意见中也提及鼎鑫水泥拥有的鹿泉市东焦西山水泥灰岩矿矿业权证书正在办理中,由于后期上市公司中止重组,尚未对矿业权证迟迟不能办理完毕的原因、权属是否清晰进行回答。我国矿产资源法明确规定从事矿产资源勘查和开采的,必须依法取得探矿权、采矿权的资质证书,未取得采矿许可证擅自采矿的,将责令停止开采、赔偿损失,没收采出的矿产品和违法所得,并处罚款。因此,从法律角度严格来说,在未取得相关经营资产前,标的公司不得从事采矿等相关生产业务,这将对标的资产的生产经营、持续盈利能力产生不利影响。投服中心提出,请冀东水泥说明标的公司鼎鑫水泥的采矿权证预计何时取得,标的公司迟迟不能办理完毕的原因。

(2)标的资产不符合我国土地、房产的相关法律规定。标的公司回复函中披露,部分标的公司及其控股子公司尚未办理产权登记,共计17,460.88平方米。该问题在证监会对公司2016年重组审核中也较为关注。投服中心提出,请标的公司说明前述房产不能办理产证的原因,是否存在被主管部门处罚的风险,是否符合《重组管理办法》第11条的规定。若标的公司因上述原因受到行政主管机构的处罚,将不符合《首发管理办法》第18条的规定。

3. 标的资产是否存在财务风险

(1)标的资产是否有利于提升上市公司未来盈利能力。预案中未披露每一家标的公司的单独财务数据,但参考2016年6月重组草案中披露的部分标的公司的财务数据,金隅水泥经贸2014年、2015年及2016年1~3月的净利润及累计经营活动产生的现金流量净额均为负数,太行水泥2015年、2016年1~3月的净利润及经营活动产生的现金流量净额均为负数,广灵水泥2014年、2015年的净利润为微利,2016年1~3月的净利润为负数,四平水泥2014年、2016年1~3月的净利润均为负数,金隅水泥节能2016年1~3月的净利润为负数。由此可见,部分标的公司的经营业绩表现不佳。同时,上市公司2014年、2015年、2016年的净利润均为负数,投服中心提出,请冀东水泥说明在上市公司持续业绩不佳的情况下,拟置入的标的资产持续盈利能力是否存在重大不确定性,该种安排是否合理,本次重组是否有利于提高上市公司资产质量和经营业绩。

(2)标的资产可能存在财务风险。公司对深圳证券交易所的回复函披露,交易标的截至2017年9月30日的主要负债构成情况中,总负债中流动负债合计占比高达95.97%,其中应付账款为31.68亿元,占总资产比例高达37.42%,占营业成本的比重则高达48.7%,短期偿债压力大,经营风险过高,可能会对上市公司产生不利影响。

另外,标的公司的应付账款中,与金隅集团及其关联公司之间关联交易往来款为12.27亿元,占比达32.6%,投服中心提出,请冀东水泥说明应付账款中关联交易占比较高的原因,关联交易的定价是否合理,是否存在通过调节营业成本进而操纵利润的可能。

4. 交易方案中未规定业绩补偿安排不合理

《上市公司重大资产重组管理办法》(2016年修订)第35条规定,采取收益现值法等基于未来收益预期的方法对拟购买资产进行评估或者估值并作为定价参考依据的,交易对方应当与上市公司就相关资产实际盈利数不足利润预测数的情况签订明确可行的补偿协议。《关于并购重组业绩补偿相关问题与解答》也提及在交易定价采用资产基础法估值结果的情况下,如果资产基础法中对于一项或几项资产采用了基于未来收益预期的方法,上市公司的控股股东、实际控制人或者其控制的关联人也应就此部分进行业绩补偿。上市公司对深圳证券交易所的回复函中披露,本次标的公司拥有的矿业权、专利权及软件著作权的评估采用了未来收益预期的方法。因此,按照前述规定,交易对方应就此部分进行业绩补偿承诺,目前预案并未做相关安排,建议后续加入,保障好中小投资者合法权益。

案例3　大湖股份发行股份及支付现金购买西藏深万投

2017 年 12 月 23 日，大湖水殖股份有限公司（以下简称大湖股份，股票代码为 600257）公告了《发行股份及支付现金购买资产并募集配套资金暨关联交易预案》（以下简称《重组预案》），拟以发行股份及支付现金相结合的方式购买西藏深万投实业有限公司（以下简称西藏深万投或标的公司）51% 的股权。同时，公司拟采用询价方式向不超过 10 名符合条件的特定对象非公开发行股份募集配套资金。本次交易完成后，大湖股份将持有西藏深万投 51% 的股权。

一、案 例 简 介

（一）上市公司基本情况

大湖股份成立于 1999 年，于 2000 年 6 月 12 日在上海证券交易所主板上市交易。发布《重组预案》时，大湖股份股价为 7.40 元/股，总股本为 481，237，188 股，总市值 35.61 亿元，在本次交易前，大湖股份控股股东为西藏泓杉科技发展有限公司（以下简称西藏泓杉），持股比例为 21.74%，实际控制人为罗某亮先生。

大湖股份属于渔业行业，主营业务为从事水产品养殖、加工、销售，属淡水养殖类上市公司，其最近三年及一期的财务状况和经营成果如表 3－1 所示。

表3-1 大湖股份基本财务指标

单位:万元

项目	2017年9月30日	2016年12月31日	2015年12月31日	2014年12月31日
总资产	167,603.48	167,734.16	150,357.62	141,865.29
净资产	128,220.52	128,564.71	74,553.91	75,707.95
项目	2017年1~9月	2016年	2015年	2014年
营业收入	63,485.20	92,619.37	80,892.47	67,397.09
利润总额	1243.99	1271.95	1082.82	880.88
净利润	901.95	782.44	502.88	336.45

(二)标的公司基本情况

本次重组交易中,购买的标的公司为西藏深万投,交易对方为西藏豪禧实业有限公司(以下简称西藏豪禧)、深圳市佳荣稳健企业投资中心(有限合伙)(以下简称佳荣稳健)。

西藏深万投于2017年8月14日在西藏成立。股权结构自成立起未发生变更,即西藏豪禧持股90%,佳荣稳健持股10%。股权结构如图3-1所示。

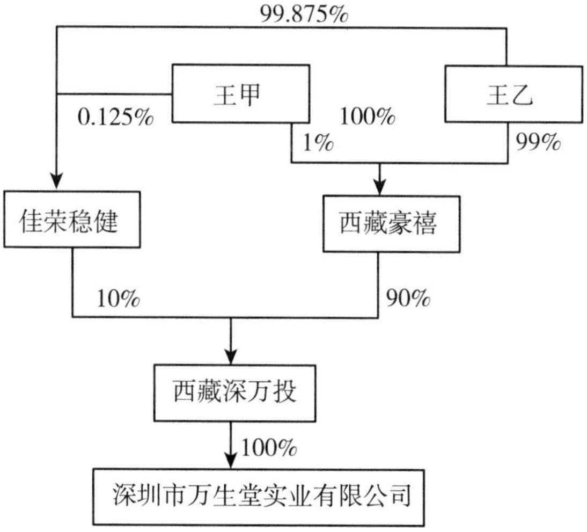

图3-1 西藏深万投股权结构

西藏深万投为控股型公司,主要经营业务依靠全资子公司深圳市万生堂实业公司进行,截至《重组预案》签署日,西藏深万投的审计评估工作尚未完成,其最近两年及一期主要财务指标如表3-2所示。

表3-2 西藏深万投主要财务数据 单位:万元

项目	2017年9月30日	2016年12月31日	2015年12月31日
总资产	62,799.13	48,147.40	35,479.77
总负债	19,111.18	18,541.73	15,036.58
净资产	43,187.94	29,105.67	19,643.19
项目	2017年1~9月	2016年	2015年
营业收入	56,749.62	61,719.35	43,904.60
营业成本	19,201.88	24,739.03	16,253.84
利润总额	17,067.53	11,644.88	6981.61
净利润	15,053.52	9852.83	5379.84

(三)重大资产重组方案精要

上市公司拟通过发行股份及支付现金相结合的方式购买西藏深万投51%股权。本次重组完成后,上市公司注入大健康流通业务,在此基础上整合西藏深万投的线上和线下销售渠道,与上市公司自身药品和酒类产品的销售达成协同效应。

1.交易对价

截至该预案签署日,西藏深万投的评估工作尚未完成。根据评估机构以2017年9月30日为评估基准日对标的资产价值作出的预估,西藏深万投51%股权的预估值为10.40亿元。参考前述预估结果,并经各方协商一致,拟定西藏深万投51%股权的交易总价暂定为10.4040亿元。

上市公司拟通过发行股份及支付现金相结合的方式购买西藏深万投51%的股权,本次交易涉及的发行股份价格不低于定价基准日前60个交易日公司股票交易均价的90%,确定为6.33元/股。

2.发行股份募集配套资金

公司拟通过询价方式向不超过10名符合条件的特定对象非公开发行股份募集配套资金53,580.60万元,金额不超过拟通过发行股份购买资产价格的100%,本次配套资金发行的股份数量不超过本次配套资金非公开发行股份前公司总股本481,237,188股的20%,即96,247,437股。

3.本次交易构成重大资产重组,不构成借壳上市

本次交易标的资产的资产总额指标、资产净额指标、营业收入指标占上市公司

最近一个会计年度相应指标的比例均达到50%以上,构成重大资产重组。本次交易前,西藏泓杉持有上市公司21.74%股份,为上市公司控股股东。其中,罗某亮持有西藏泓杉95.258%股份,为上市公司实际控制人。罗某坤持有西藏泓杉4.742%股份,罗某亮与罗某坤为父子关系。本次交易后,西藏泓杉持有公司18.49%股权(不考虑配套资金),仍为公司控股股东;不考虑罗某亮和罗某坤及其控制的公司通过认购募集配套资金获取的新增上市公司股份,本次交易完成后罗某亮仍控制上市公司18.49%股权,仍为公司实际控制人。

4.业绩承诺

根据《盈利预测补偿协议》,盈利预测补偿义务人承诺西藏深万投在2018~2020年实现的扣除非经常性损益后归属于母公司股东的净利润数额分别不低于1.8亿元、2亿元和2.2亿元。

若标的公司在业绩承诺期内累计实际实现的净利润数超过累计承诺净利润数,则上市公司将包含非经常性损益的累计净利润减去累计承诺净利润数后差额的20%,由标的公司奖励给西藏豪禧和标的公司主要经营管理团队成员。

二、案例分析

(一)行权过程

2018年1月18日,投服中心参加大湖股份重大资产重组媒体说明会,现场向大湖股份提出四个方面的问题:一是标的资产合规问题;二是信息披露不充分问题;三是标的资产能否持续经营以及盈利问题;四是业绩补偿承诺的合理性问题。

(二)行权内容分析

1.标的资产合规问题

国家企业信用信息公示系统显示,深圳万生堂存在以下处罚记录:2014年12月因销售或者在经营活动中使用未取得生产许可证产品,被深圳市市场和质量监督管理委员会责令改正,并处以5万元罚款;2015年7月被深圳市市场和质量监督管理委员会责令改正违法行为,没收违法所得,并处以罚款共计约5.1万元;2017年11月因医疗器械违法行为而被深圳市市场稽查局处以3万元罚款。2017年12月深圳万生堂因登记的住所或经营场所无法联系而被深圳市市场和质量监督管理委员福田局列入经营异常名录。鉴于以上情况,标的资产是否存在因违反工商、税务、土地、环保、海关等法律法规受到行政处罚且情节严重的情形。上述情况与标的资产在预案中做出的近3 年未因任何违法违规行为而遭到工商、税务、环境保护、安全生产、质量监督、海关、国土、劳动人事部门的行政处罚的承诺不一致,预案披露是否真实,是否存在虚假记载或重大遗漏。

2. 信息披露不充分问题

根据《公开发行证券的公司信息披露内容与格式准则第 26 号——上市公司重大资产重组》规定,凡对上市公司股票及其衍生品交易价格可能产生较大影响或者对投资者做出投资决策有重大影响的信息,均应披露或提供。《重组预案》在以下两方面虽已做了披露,但存在信息披露不充分问题。

首先,该预案未披露标的资产已经取得的医疗器械经营备案所对应的医疗器械经营范围、经营地址、库房地址等主要信息,公司取得的医疗器械经营备案产品范围与公司实际经营产品能否对应,备案的库房地址与租赁仓库地址是否一致存疑。另外,标的资产租赁房屋及土地情况中未披露房屋及土地的所有人及规划用途等权属信息,上述房屋和土地权属是否清晰,是否存在因规划、土地用途、动拆迁等原因影响公司经营等情况不明。

其次,该预案披露,2016 年 4 月 18 日,冈本株式会社、香港冈本、深圳冈本与深圳万生堂、香港万生堂、西藏十色、王乙签署了《经销协议》,2017 年 12 月 19 日又签署了《经销协议补充说明》。标的公司经销的冈本安全套产品是否有品类、系列方面的限制,经销商之间经销权如何分配。西藏十色作为深圳万生堂的全资子公司参与协议的签署并提供连带责任担保的必要性存疑。

3. 标的资产能否持续经营以及盈利问题

首先,标的公司作为经销商,其品牌、产品和技术均来源于供应商。根据预案,标的公司能盈利的基本前提是《经销协议》的存续有效,一旦触发独占经营协议的解约条件,标的公司 90% 左右的盈利将无法继续。根据《经销协议》及其补充说明的约定,经销商无法维持代表合理市场增长水平的销售业绩的,供应商有权提前 30 天通知后单方面解除协议,合理市场水平的销售业绩难有量化标准,该条款可能会成为供应商随意行使解除权的协议依据。协议约定王乙个人以及任何一个经销商出现财产扣押、临时性处分或等一系列情形时,供应商也有权解除协议。交易预案未对王乙在《经销协议》履行及解除过程中的重要性向投资者进行充分的说明和提示。上市公司有何具体措施应对王乙个人行为可能导致《经销协议》被终止的风险。根据《经销协议补充说明》，本次重组中深圳万生堂、香港万生堂、西藏十色股权转让，以及本次股份受让方未来出售深圳万生堂、香港万生堂、西藏十色股权均需取得冈本株式会社同意，否则冈本株式会社就有权终止《经销协议》。上市公司受制于上述约定不具有合理性。综上，标的公司未来能否持续经营存在重大不确定性，考虑到本次重组 3.7 倍左右的溢价率，若标的公司与其赖以生存的供应商终止合作，广大股东利益将受损。

其次，万生堂经销产品的进货价格由供应商单方面决定，标的公司在变动批发和零售价格前应取得供应商同意，供应商有权停止销售授权产品以及变更产品配方、成分、包装或生产地。因此，标的公司销售产品的盈利能力由供应商控制，标的公司未来能否持续盈利，或者即使盈利，利润水平均存在不确定性。

4. 业绩补偿承诺的合理性问题

预案披露，盈利补偿人承诺标目标出现的资产 2018 ~ 2020 年累计实现的扣非后归母净利润总额不低于 6 亿元，本次交易对手只有西藏豪禧参与盈利补偿，而占标的公司 10% 股份的深圳佳荣稳健不参与承诺的原因不明。另外，标的公司 2018 年及 2019 年累计未实现的净利润数占当期承诺利润总数的比例小于等于 10% 时，交易对手无须履行补偿义务，即该部分损失由上市公司及其广大股东承担，其合理性仍然存疑。

案例4　厦华电子发行股份及支付现金购买福光股份

2017年12月厦门华侨电子股份有限公司(以下简称厦华电子,股票代码为600870)公告了《发行股份及支付现金购买资产并募集配套资金暨关联交易预案》(以下简称《重组预案》),拟以发行股份及支付现金的方式收购福建福光股份有限公司(以下简称福光股份)61.67%的股权。

一、案例简介

(一)上市公司基本情况

厦华电子成立于1993年12月31日,于1995年2月28日在上海证券交易所主板上市交易。重组预案发布时,厦华电子股价为7.54元,总股本为523,199,665股,总市值约39.45亿元,主要股东王某芳、王某玲、赣州鑫域投资管理有限公司、德昌行(北京)投资有限公司系一致行动人,为厦华电子的控股股东,实际控制人为王某芳、王某玲。

厦华电子原主营业务为经营彩电及配件销售,鉴于经营状况持续恶化,主营业务羸弱,公司停止了彩电业务生产,并拓展了电子产品的贸易业务以及供应链贸易业务。其财务状况和经营成果如表4-1所示。

表 4－1　厦华电子基本财务指标　　单位:万元

项目	2017 年 6 月 30 日	2016 年 12 月 31 日	2015 年 12 月 31 日
总资产	5442.46	5261.62	3561.11
总负债	4199.15	3774.92	1613.37
所有者权益	1243.31	1486.70	1947.74
项目	2017 年 1～6 月	2016 年	2015 年
营业收入	279.16	37,297.27	21,677.28
营业利润	－175.30	－440.02	939.11
利润总额	－264.66	－496.83	1399.03
净利润	－265.04	－510.21	1399.03

（二）标的公司基本情况

本次重组交易中，购买的标的公司为福光股份，交易对方为福光股份的部分股东。

福光股份于2004 年2 月3 日在福州成立，截至《重组预案》签署日，股权结构如表4－2 所示。

表 4－2　福光股份股权结构

序号	股东名称	股份数量（万股）	持股比例
1	中融投资	4700.00	40.95%
2	信息集团	3400.00	29.62%
3	恒隆投资	900.00	7.84%
4	兴杭投资	500.00	4.36%
5	丰茂运德	478.19	4.17%
6	聚诚投资	427.38	3.72%
7	众盛投资	420.44	3.66%
8	华福光晟	200.00	1.74%
9	兴晟福光	180.00	1.57%
10	瑞盈投资	152.18	1.33%
11	稳晟投资	120.00	1.05%
合计	—	11,478.19	100.00%

注：根据厦华电子本次重组预案制作，中融（福建）投资有限公司简称中融投资，福建省电子信息（集团）有限责任公司简称信息集团，福建省仙游县恒隆投资中心（有限合伙）简称恒隆投资，福建兴杭战略创业投资企业（有限合伙）简称兴杭投资，深圳丰茂运德投资中心（有限合伙）简称丰茂运德，福州市马尾区聚诚投资管理中心（有限合伙）简称聚诚投资，福州市马尾区众盛投资管理中心（有限合伙）简称众盛投资，福州市马尾区华福光晟股权投资合伙企业（有限合伙）简称华福光晟，嘉兴兴晟福光投资合伙企业（有限合伙）简称兴晟福光，福州市马尾区瑞盈投资管理中心（有限合伙）简称瑞盈投资，福建稳晟创业投资合伙企业（有限合伙）简称稳晟投资。

福光股份主营业务为光学镜头、光学元组件等产品的科研生产,其主要财务指标如表4-3所示。

表4-3 福光股份主要财务数据

单位:万元

项目	2017年6月30日	2016年12月31日	2015年12月31日
总资产	82,932.73	82,137.55	60,089.14
总负债	20,367.19	18,072.34	15,857.60
所有者权益	62,565.55	64,065.22	44,231.54
项目	2017年1~6月	2016年	2015年
营业收入	25,704.89	48,859.57	39,099.46
营业利润	3997.78	7953.15	8192.92
利润总额	4253.96	8552.97	8906.58
扣非后净利润	3183.22	6827.88	6990.05

(三)重大资产重组方案精要

厦华电子拟向福光股份部分股东发行股份及支付现金购买其持有的福光股份61.67%的股权,交易金额为160,332.76万元。本次交易完成后,厦华电子的主营业务将变更为从事光学镜头、光学元组件等产品的科研生产。

1.估值及交易价格

以2017年6月30日为评估基准日,截至《重组预案》签署日,标的资产的评估工作尚未完成。经初步估算,采用收益法进行评估,福光股份的预估值为260,000.00万元,评估增值率为315.56%。按照《重组预案》,厦华电子拟向福光股份6名股东发行股份及支付现金购买其持有的福光股份61.67%的股权,因此,《重组预案》中本次标的资产交易金额暂定为160,332.76万元。

2.发行股份购买资产的发行价格

厦华电子拟通过发行股份及支付现金方式收购福光股份61.67%的股权,发行股份价格不低于第八届董事会第二十八次会议决议公告日前60个交易日公司股票交易均价的90%,即6.84元/股,发行的股份数量为143,761,335股。

3.业绩承诺与补偿协议

业绩承诺人承诺,标的公司2017年、2018年、2019年和2020年实现的净利润(扣除非经常性损益后归属于母公司所有者的净利润)数分别不低于人民币7700

万元、12,500 万元、18,300 万元和 25,300 万元,2017 年至 2020 年 4 年累计不低于 63,800 万元。若标的公司在业绩承诺期间累计实现的实际净利润数未达到业绩承诺期间承诺的累计净利润数,则业绩承诺人同意根据协议的约定以股份回购方式和/或支付现金方式对厦华电子进行补偿。股份回购方式,系由厦华电子以总价 1.00元的价格回购业绩承诺人所持有的上市公司的相应部分股份并注销。

4. 交易完成后厦华电子股权结构

本次交易完成前,上市公司实际控制人为王某芳、王某玲。本次交易完成后,不考虑配套融资,公司实际控制人仍为王某芳、王某玲;考虑配套融资,鉴于募资交易对方鹰潭市当代投资集团有限公司(以下简称鹰潭当代)实际控制人为王某芳,本次交易完成后,王某芳及王某玲共同控制公司的股权比例将进一步提升。因此,本次交易不会导致上市公司控制权发生变化。

二、案 例 分 析

(一)行权过程

2018 年 1 月 25 日,投服中心参加厦华电子重大资产重组媒体说明会,现场向厦华电子提出两个方面的问题:一是重组不确定性风险;二是标的公司盈利能力。最终,厦华电子于 2018 年 11 月 22 日终止了本次重组。

(二)行权内容分析

1. 重组不确定性风险

经过对《重组预案》等公开信息的分析,本次重组可能存在一定的不确定性,主要来源于以下四个方面。

(1)更换独立财务顾问

该预案称,公司聘请的独立财务顾问国融证券尚未就本次交易预案履行完成内部审核程序,故未发表相关核查意见。根据上市公司公告,上市公司董事会于 2017 年 12 月 29 日同意聘请国融证券为本次重组的独立财务顾问,同日即发布了未完成审核的预案。时隔 10 天,又于 2018 年 1 月 8 日公告称终止与国融证券的合作,聘请华西证券为本次重组独立财务顾问。上市公司没有取得中介机构核查意见就对外披露《重组预案》,并且临时更换财务顾问,使本次重大资产重组产生了不确定性风险。以上安排出于何种考虑,是否会对交易产生不利影响,未来新的独立财务顾问是否会使预案产生较大变动,上市公司是否已经充分做好本次重组的准备工作等问题,引人质疑。

(2)交易方式安排合理性

《重组预案》披露,本次交易拟通过发行股份及支付现金方式收购福光股份61.67%的股权,现金支付交易对价6.2亿元。本次重组并未收购福光股份100%股权,且以现金支付交易对价的38.67%。这种安排存在导致上市公司控制权不稳定的风险:一是重组完成后,不考虑配套融资,第一、第二大股东持股比例分别约为19.89%和13.96%,较为接近,可能导致控制权不稳定;二是上市公司实际控制人王某芳、王某玲控制的股份已经全部质押,如果股票价格触及警戒线及平仓线,将存在被处置的可能,导致其控制的股权比例下降,控制权存在变更的风险。上市公司如何避免上述控制权不稳定的风险,此次交易方式的安排是出于何种考虑、是否合理引人质疑,有规避重组上市的嫌疑。

(3)募集配套资金风险

根据《重组预案》,本次交易拟向鹰潭当代募集配套资金6.4亿元,如未能足额募集,则上市公司以自筹资金支付。根据《重组预案》计算,截至2017年6月30日,鹰潭当代资产负债率达到90%,很多财务指标并未披露。此外,该预案中称,上市公司货币资金余额较少,没有固定资产和无形资产可供抵押担保使用,资产负债率较高,很难通过银行借款渠道融得资金。鹰潭当代是否有足够的认购能力?如果鹰潭当代无法完成配套资金的支付,上市公司可能会因募集配套资金问题产生无法完成重组交易的风险。

(4)历史遗留问题

上市公司近3年来三次计划重组,前两次皆以失败告终。标的资产福光股份于2017年3月曾拟首发上市,并于同年4月召开股东大会审议申报首发上市议案。以上事项可能存在未披露的会影响本次重组的情况。

以上四点,引起对重组是否存在重大不确定性风险的质疑。

2. 标的公司盈利能力

《重组预案》披露,本次评估选择资产基础法和收益法进行评估,标的公司福光股份100%股权于评估基准日的预估值为26亿元,增值率为315.56%。《重组预案》中披露的标的公司 2015 年、2016 年、2017 年 1 ~ 6 月扣非净利润为 6990.05 万元、6827.88 万元、3183.22 万元，标的公司 2017 年、2018 年、2019 年和 2020 年预计实现扣非后净利润分别不低于 7700 万元、12,500 万元、18,300 万元和 25,300 万元，4 年累计不低于 63,800 万元，承诺的盈利额增长较快。对标的公司的盈利能力疑问如下。

（1）有关标的公司的信息披露不全

本次预案对标的公司情况披露简略，对其行业、产品、销售等情况都未进行详细披露，使股东缺乏分析依据，难以作出准确有效的判断。上市公司可能对标的资产了解不够充足，未披露的内容可能对盈利能力、估值等存在不利影响。

（2）标的公司经营风险

《重组预案》中披露了多项关于标的公司经营的风险，可能对其盈利能力产生不利影响。一是市场竞争及技术方面的风险。该预案称福光股份未来面临的竞争压力可能有所增加，从而影响福光股份的盈利水平；光学镜头制造行业对技术要求高，若研发、人才、技术等环节出现问题，可能导致其失去技术优势，从而影响盈利能力。二是税收优惠政策不能延续的风险。报告期内，福光股份享受高新技术企业所得税优惠，优惠期自 2015 年 9 月 21 日开始，有效期为 3 年，税收优惠期届满后，若其不能通过复审或国家税收政策出现变更，将对标的公司未来的经营业绩产生一定的影响。三是收购整合导致的经营管理风险。本次交易使公司的主营业务发生变更，变更前后的业务差异较大，若上市公司的管理能力和管理水平不能满足业务发展需要，将可能影响上市公司的业绩水平。

案例5　嘉化能源现金购买美福石化

2018年1月25日，浙江嘉化能源化工股份有限公司（以下简称嘉化能源，股票代码为600273）公告了《嘉化能源重大资产购买暨关联交易预案》（以下简称《重组预案》），上市公司拟支付现金购买诚信资本控股有限公司（以下简称诚信资本）、杭州浩明投资有限公司（以下简称浩明投资）、嘉兴港区江浩投资发展有限公司（以下简称江浩投资）、杭州炜宇实业投资有限公司（以下简称炜宇实业）、嘉兴管浩怡投资合伙企业（有限合伙）（以下简称管浩怡投资）合计持有的浙江美福石油化工有限责任公司（以下简称美福石化）100%的股权。

一、案例简介

（一）上市公司基本情况

华芳纺织股份有限公司（嘉化能源的曾用名）成立于1998年4月3日，于2003年6月27日在上海证券交易所主板上市交易。发布《重组预案》时，嘉化能源股价为9.53元/股，总股本为1,493,993,612股，总市值为142.38亿元，截至该预案签署日，嘉化集团持有嘉化能源40.19%的股权，为上市公司控股股东。上市公司实际控制人为管某忠，股权控制结构关系如图5－1所示。

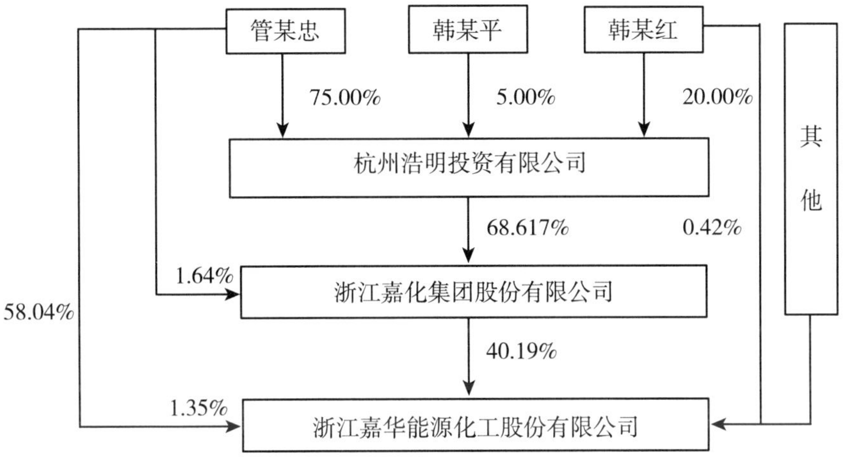

图5－1　嘉化能源的股权结构

嘉化能源主营业务为蒸汽、氯碱、脂肪醇(酸)、邻对位以及硫酸系列产品的生产和销售业务,其近3年的财务状况和经营成果如表5－1所示。

表5－1　嘉化能源基本财务指标　　单位:万元

项目	2017年9月30日	2016年12月31日	2015年12月31日	2014年12月31日
总资产	816, 897.66	680, 786.34	587, 713.34	500, 781.18
总负债	193, 439.19	282, 735.67	243, 376.35	213, 592.63
股东权益	623, 458.46	398, 050.68	344, 336.99	287, 188.55
项目	2017年1～9月	2016年	2015年	2014年
营业收入	400, 877.55	450, 333.56	339, 133.03	338, 539.00
利润总额	82, 002.05	88, 530.62	80, 039.41	67, 691.33
净利润	68, 460.80	74, 307.44	67, 529.72	58, 205.16

(二)标的资产基本情况

本次重组的标的公司为美福石化,交易对手为诚信资本、浩明投资、江浩投资、炜宇实业、管浩怡投资,5个交易对手合计持有美福石化100%的股权。

美福石化成立于2003年3月20日,截至该预案签署日,共经历2次增资和5次股权转让。诚信资本、浩明投资、江浩投资、炜宇实业、管某怡投资分别持有美福石化33.00%、21.85%、18.00%、17.15%及10.00%的股权,其中诚信资本、浩明投资、江浩投资、管某怡投资均为管某忠实际控制的企业,韩某红为管某忠的配偶,因此,管某忠通过控制诚信资本、浩明投资、江浩投资、管某怡投资间接持有美福石化

82.85%的股权。美福石化的股权结构如图 5－2 所示。

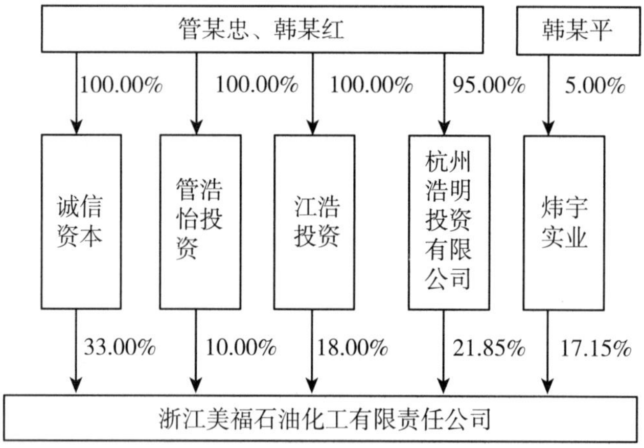

图 5－2　美福石化股权结构

美福石化目前的主营业务包括丙烯、混合二甲苯、苯、热传导液、液化石油气等有机化工产品的研发、生产和销售。美福石化最近两年的主要财务指标如表 5－2 所示。

表 5－2　美福石化主要财务指标

单位:万元

项目	2017 年 12 月 31 日	2016 年 12 月 31 日
总资产	172,568.16	202,596.99
总负债	114,511.59	164,240.99
所有者权益	58,056.57	33,356.00
项目	2017 年	2016 年
营业收入	280,477.90	277,431.75
营业利润	28,727.40	22,189.87
利润总额	28,723.65	21,996.11
净利润	23,783.74	17,828.66

(三)重大资产重组方案精要

嘉化能源拟支付现金购买诚信资本、浩明投资、江浩投资、炜宇实业、嘉兴管浩怡投资合计持有的美福石化 100% 的股权。嘉化能源拟通过本次重组交易丰富上市公司化工板块产品线,提高公司持续盈利能力,增强公司抗风险能力。

1. 估值及交易价格

以 2017 年 12 月 31 日为基准日，资产评估机构采用资产基础法和收益法进行了预估，并选取收益法结果作为预估值。本次交易标的资产美福石化 100% 股权的预估值为 269,000.00 万元，较评估基准日账面值 58,056.57 万元增值 210,943.43 万元，增值率为 363.34%。本次交易标的资产美福石化 100% 股权的初步作价 269,000.00 万元。

2. 业绩承诺与补偿

根据《盈利预测补偿协议》，本次交易的业绩承诺期为 2018 年、2019 年及 2020 年。本次交易的交易对方承诺：美福石化实现的扣除非经常性损益后的净利润 2018 年不低于 31,400.00 万元，2019 年不低于 32,900.00 万元，2020 年不低于 24,800.00 万元，近 3 年累计不低于 89,100.00 万元。2021 年和 2022 年合计实现的扣除非经常性损益后的净利润不低于 63,000.00 万元，若 2021 年和 2022 年合计净利润实现数低于承诺数，美福石化股东按照其持股比例以现金方式补足至嘉化能源。

补偿义务人对嘉化能源的补偿为逐年补偿，如美福石化在业绩承诺期内，截至当期期末累计实际净利润低于截至当期期末累计承诺净利润的，补偿义务人应向嘉化能源进行现金补偿，当期的补偿金额按照如下方式计算：业绩承诺方应补偿金额 = [（截至当期期末累计承诺净利润 − 截至当期期末累计实际净利润）÷ 承诺期内各年度承诺净利润之和] × 交易总价 − 已补偿金额；若美福石化期末减值额 > 业绩承诺期间内已补偿现金总金额，则补偿义务人应对嘉化能源另行补偿，具体补偿金额及方式如下：美福石化减值应补偿的金额 = 美福石化期末减值额 − 业绩承诺期内已补偿现金总金额。各补偿义务人的补偿金额按照《盈利预测补偿协议》中载明的持有美福石化股权比例计算。

二、案 例 分 析

（一）行权过程

2018 年 3 月 6 日，投服中心参加了嘉化能源重大资产重组媒体说明会。说明会现场，投服中心就关联交易是否涉嫌利益输送、标的资产估值是否公允、标的资产经营是否稳定等提出四个方面的问题。最终,嘉化能源于2018年4月19日终止了本次收购。

(二)行权内容分析

1. 本次重组是否存在通过关联交易向实际控制人进行利益输送的情况

(1)上市公司及交易标的的实际控制人管某忠将通过本次交易获得高额收入,涉嫌利益输送

2016年6月前,本次交易标的公司美福石化由香港上市公司中国三江化工(2198.HK)所控制,实际控制人为管某忠,此后,通过两次股权转让,管某忠将美福石化置入自己的持股平台下。其中,2016年6月,管某忠通过其控制的诚信资本、江浩资源向中国三江化工的全资附属公司三江化工和佳都国际购买美福石化51%股权,合计交易作价3.06亿元;2017年7月管某忠通过其控制的浩明投资和管某怡投资购买美福石化31.85%的股权,合计交易作价6.37亿元。至此,管某忠及其一致行动人通过控制诚信资本、浩明投资、江浩投资、管浩怡投资4家投资公司,间接持有美福石化82.85%的股权,为美福石化的实际控制人。在本次重组交易中,嘉化能源拟购买美福石化100%股权,嘉化能源与美福石化的实际控制人同为管某忠,本次交易构成关联交易。《重组预案》披露,本次交易美福石化100%股权交易对价为26.9亿元,则管某忠及其一致行动人将获得22.29亿元的交易对价。由上可见,如果本次交易最终实施,管某忠通过先将美福石化从其控制的香港上市公司中国三江化工置出,然后再置入其控制的A股上市公司嘉化能源,仅仅经过1年多的时间,净得收益12.86亿元。如此进行“A+H”股交易安排,连续买卖美福石化,涉嫌套取上市公司利润进行利益输送。

(2)本次交易对价全部现金支付是否合理

本次交易26.9亿元对价全部使用现金支付,并设定了四期付款安排,其中首期支付交易总对价的51%,约13.72亿元。但根据嘉化能源2017年第三季度报告,截至2017年9月30日,嘉化能源流动资产为29.67亿元,稍高于本次交易对价;货币资金仅为6.32亿元,尚不足以支付本次交易首期付款,支付对价的资金的来源存疑。嘉化能源2014年至2016年负债率均超过40%,2017年9月30日降为23.68%,如果支付本次交易对价的资金大部分来自借款或发债,则不仅会对嘉化能源的整体负债情况产生不利影响,还会使嘉化能源承担较高的财务成本,进而降低

公司净利润。因此,嘉化能源在公司货币资金并不充裕、负债较高的情况下,本次关联交易全部以现金对价支付的合理性以及是否属于实际控制人利用关联交易掏空上市公司存疑。

2. 标的资产估值的公允性

以 2017 年 12 月 31 日为评估基准日,采用收益法评估,美福石化 100% 股权的预估值为 26. 9 亿元,增值率为 363. 34% 。但基于行业景气时的估值可能导致估值偏高。

根据中国三江化工于 2016 年 6 月 17 日发布的关于出售美福石化 51% 股权情况的公告,美福石化 2013 年、2014 年、2015 年的净利润分别为 1. 04 亿元、- 1. 36 亿元、0. 75 万元,净利率分别为 4. 2% 、- 4. 2% 、2. 8% 。根据《重组预案》,美福石化 2016 年和 2017 年净利润分别为 1. 78 亿元和 2. 38 亿元,净利率分别为 6. 43% 和 8. 48% 。分析近 5 年数据可知,2015 年至 2017 年,美福石化净利润增长迅速,年均复合增长率 55. 22% ,净利率也逐年提高。近年来净利润及净利率大幅增长的原因不明。《重组预案》第 144 页披露“燃料油采购价格的波动会直接影响美福石化产品的销售价格,两者价格呈正相关关系;企业的生产加工利润空间基本稳定”,上述利润空间基本稳定的描述也与近年来净利率大幅增长矛盾。

《重组预案》披露,本次收益法预估采用的原材料采购价格与产品销售价格均为 2017 年的均价,并假设在预测期内保持不变。众所周知,石油化工行业具有一定周期性,本次基于行业景气时所做的估值会导致估值偏高。美福石化 2018 年至 2020 年的预测净利润分别为 3. 14 亿元、3. 29 亿元和 2. 48 亿元,其中 2018 年环比增长 31. 93% ,2019 年环比增长 4. 78% ,2020 年却环比下降 24. 62% ,美福石化 2020 年的盈利预测大幅下降的原因不明,同时,公司现有经营业绩的可持续性存疑。

3. 标的资产经营的稳定性

(1) 客户集中度高存在潜在风险

美福石化 2016 年和 2017 年对前五大客户的销售收入占同期营业收入的比例分别为 71. 3% 和 61. 95% ,客户集中度较高。如果某一大客户经营状况发生重大不利变化或者调整合作方式,降低对美福石化产品的采购,则将对其经营业绩产生重大不利影响。由上可见,客户集中度高使得公司风险抵御能力较弱,美福石化能否与大客户建立持续、紧密的合作关系,将直接影响标的资产经营的稳定性。

(2)资产负债结构不合理

美福石化属于石油化工行业,其所经营的燃油提炼业务一般需要庞大的资金开支及运营资金需求,而美福石化的资金大部分是债务性资金,权益性资金较少,导致了较高的资产负债率。《重组预案》披露,美福石化 2016 年和 2017 年负债分别为 16.92 亿元和 11.45 亿元,资产负债率分别为 83.51% 和 66.34% 。经查询美福石化估值参考的 7 家可比上市公司的财务指标,2016 年资产负债率分别为上海石化 26.65% 、美锦能源 41.26% 、华锦股份 64.67% 、金能科技 36.44% 、陕西黑猫 58.5% 、开滦股份 56.95% 、石大胜华 27.52% ,7 家公司资产负债率的平均值为 44.57% 。可见美福石化的资产负债率远高于可比上市公司的平均水平,一旦无法通过债务融资获得充足资金,将会严重影响其正常的生产经营。

另外,就负债结构而言,美福石化 2016 年和 2017 年流动负债占总负债的比例均超过 99% ,流动比率分别为 61.59% 和 73.03% ,资产流动性较差,美福石化负债结构不甚合理。《重组预案》披露,截至 2017 年 12 月 31 日,公司短期银行借款余额 2.93 亿元,应付账款 3.62 亿元,向三江化工借款 2.72 亿元,美福石化的短期偿债能力得不到保障,现有负债结构也可能会对美福石化的资金链产生不利影响,进而影响公司的稳定发展。

(3)资产的抵押风险

根据《重组预案》,为满足业务发展的资金需要,美福石化将其所拥有的全部 5 处房屋产权、96% 以上的土地使用权及全部主要生产装置用于抵押,获取总额为 2.93 亿元的短期银行贷款,所有贷款均于 2018 年到期,公司短期还款压力较大。若美福石化不能按时偿还贷款,将面临抵押资产被处置的风险,进而影响其生产经营的稳定性。截至 2018 年 3 月 5 日,美福石化已有 0.4 亿元贷款到期,上市公司到期贷款的偿还情况以及剩余 2.53 亿元贷款的还款安排尚未说明,有可能存在因无法按时偿还贷款而影响生产经营的情况。

4. 交易完成后的关联交易是否符合重组规定

《重组预案》显示,本次交易完成后,美福石化将纳入嘉化能源的并表范围,美福石化与嘉化能源的交易将作为内部交易抵销。同时,嘉化能源也将因美福石化新增与中国三江化工之间的关联交易,但该预案并未披露新增关联交易、抵销关联交易的金额。通过查阅嘉化能源 2016 年年度报告和中国三江化工 2016 年年度报告可知，2016 年嘉化能源与美福石化之间采购商品与接受劳务、出售商品与提供劳务、租赁收入的关联交易金额累积约为 5972.8 万元；中国三江化工与美福石化之间销售商品、采购商品、提供装备与服务、租金的关联交易累积额为 20,428.3 万元。如依据上述数据推算，重组完成后嘉化能源将新增 14,455.5 万元的关联交易额。《重组管理办法》第 11 条规定，上市公司实施重大资产重组，应当有利于上市公司在业务、资产、财务、人员、机构等方面与实际控制人及其关联人保持独立，符合证监会关于上市公司独立性的相关规定。上市公司及中介机构需详细披露本次交易后新增关联交易、抵销关联交易的金额，并说明本次重组是否符合这一规定。

案例6　国中水务

2018年2月8日，黑龙江国中水务股份有限公司（以下简称国中水务，股票代码为600187）公告了《发行股份购买资产暨关联交易预案》（以下简称《交易预案》），拟通过向交易对方非公开发行股份的方式，购买交易对方持有的洁昊环保56.64%的股权。

一、案例简介

（一）上市公司基本情况

国中水务成立于1998年，于同年在上海证券交易所主板上市交易。发布《交易预案》前的2017年11月8日，国中水务股价为4.68元/股，总股本为1,653,935,128股，总市值约为77.40亿元，在本次交易前，国中水务控股股东为国中天津，持股比例为15.62%，实际控制人为姜某某。

国中水务属于水务行业，经营范围为建设、经营城市市政供排水项目及工程、生态环境治理工程，相关供排水技术和设备的开发、生产与销售，并提供相关的供排水技术咨询服务，其最近3年的财务状况和经营成果如表6-1所示。

表6-1　近3年财务状况和经营成果　　单位：万元

项目	2017年9月30日	2016年12月31日	2015年12月31日	2014年12月31日
总资产	479,860.54	415,801.61	406,527.98	393,953.95
总负债	113,885.34	143,540.81	135,878.76	111,648.57
股东权益	350,753.80	256,217.29	254,456.44	266,220.55

续表

项目	2017 年 1 ~9 月	2016 年	2015 年	2014 年
营业收入	30,779.99	35,781.99	47,470.48	71,992.72
利润总额	2373.64	2508.77	－11,539.60	18,542.35
净利润	2051.95	1618.90	－11,787.43	15,018.00

（二）标的公司基本情况

本次交易中，标的公司为洁昊环保，交易对方为肖某某、李某菀、李某波、吴某某、章某某、姚某、缪某某、刘某某、张某和厚康实业。

洁昊环保于 2011 年 4 月 7 日在上海成立。股权结构自成立起发生过 4 次变更，截至《交易预案》出具日，肖某某及李某菀为洁昊环保实际控制人，持股 5% 以上主要股东为李某波（系洁昊环保实际控制人的一致行动人）、厚康实业，其余持股户数合计 196 户，洁昊环保股权结构如图 6－1 所示。

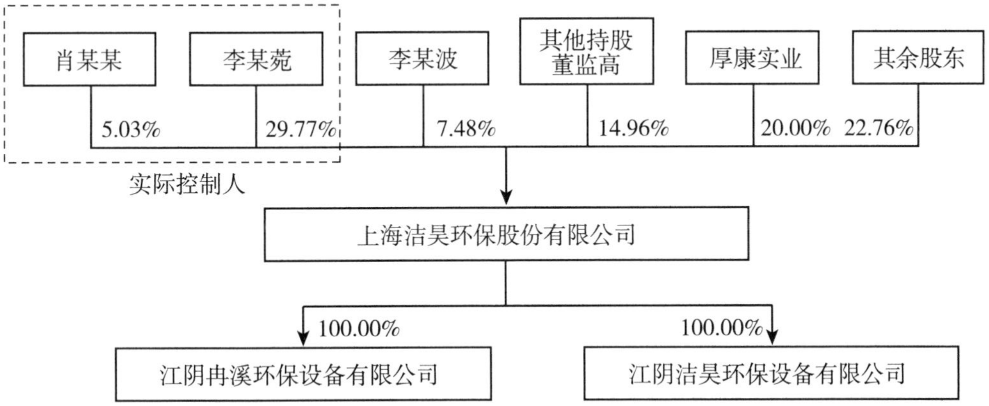

图 6－1　洁昊环保股权结构

洁昊环保主要从事从事环保设备领域内的技术开发、技术服务、技术咨询、技术转让，环保设备及配件、机械设备及配件、机电设备及配件、仪器仪表、水管阀门、金属材料、建筑装饰材料销售，其最近 3 年主要财务指标如表 6－2 所示。

表6-2 近3年主要财务指标

单位:万元

项目	2017年12月31日	2016年12月31日	2015年12月31日
总资产	20,215.28	20,215.28	20,215.28
总负债	3943.38	3943.38	3943.38
股东权益	16,271.90	16,271.90	16,271.90
项目	2017年	2016年	2015年
营业收入	7078.98	7078.98	7078.98
营业利润	2053.54	2053.54	2053.54
利润总额	2204.21	2204.21	2204.21
净利润	188.23	-162.43	-331.05

(三)发行股份购买资产暨关联交易方案精要

国中水务本次关联交易拟通过向交易对方非公开发行股份的方式,购买交易对方持有的洁昊环保56.64%的股权。

1.估值及交易价格

截至评估基准日2017年12月31日,标的公司洁昊环保100%股权的预估值为36,000.00万元,标的公司未经审计母公司净资产的账面价值为16,225.37万元,增值19,774.63万元,增值率为121.87%,对应56.64%股权的预估值为20,390.18万元;以上述预估值为基础,经交易各方协商,本次标的资产的暂定交易价格为20,379.97万元。

2.股份发行价格

本次交易通过向交易对方非公开发行股份的方式,以不低于定价基准日前20个交易日上市公司股票交易均价的90%,最终确定发行价格为4.08元/股。公司若发生派发股利、送红股、转增股本或配股等除息、除权行为,本次发行价格将按照上海证券交易所的相关规则进行相应调整。

3.业绩承诺与补偿

根据公司与交易对方签署的《业绩承诺补偿协议》,交易对方应当按照相关法律、法规规定,对洁昊环保在本次交易实施完毕当年及其后连续2个会计年度的累计扣除非经常性损益后归属于母公司所有者的净利润作出承诺,如本次交易在2018年12月31日前(含当日)实施完毕,则交易对方承诺洁昊环保在2018年、

2019年和2020年实现的扣除非经常性损益后归属于母公司所有者的净利润数分别不低于2700万元、3300万元和3700万元。若本次交易在2018年12月31日前（含当日）实施完毕，则业绩补偿期为2018年、2019年、2020年。

如发生实现扣除非经常性损益后归属于母公司所有者的净利润数低于承诺扣除非经常性损益后归属于母公司所有者的净利润数而需要各补偿义务主体进行补偿的情形，国中水务应在需补偿当年年度报告公告后30个工作日内召开董事会会议，按照《业绩承诺补偿协议》规定的公式计算并确定各补偿义务主体当年应补偿的股份数量，并向各补偿义务主体就其承担补偿义务事宜发出书面通知。

4. 本次交易完成后对洁昊环保股权结构的影响（见表6－3）

表6－3　本次交易完成后对洁昊环保股权结构的影响

股东名称	本次交易完成前		本次交易完成后	
	持股数量（万股）	持股比例	持股数量（万股）	持股比例
国中水务	—	—	55, 230, 280	56.64%
肖某某	4, 905, 000	5.03%	3, 678, 750	3.77%
李某菀	29, 031, 218	29.77%	—	—
李某波	7, 295, 000	7.48%	5, 471, 250	5.61%
吴某某	2, 986, 000	3.06%	2, 239, 500	2.30%
章某某	2, 964, 000	3.04%	2, 223, 000	2.28%
姚某	2, 943, 000	3.02%	2, 207, 250	2.26%
缪某某	1, 220, 250	1.25%	915, 188	0.94%
刘某某	264, 000	0.27%	198, 000	0.20%
张某	4, 207, 000	4.31%	3, 155, 250	3.24%
厚康实业	19, 503, 000	20.00%	—	—
其他股东	22, 193, 679	22.76%	22, 193, 679	22.76%
合计	97, 512, 147	100.00%	97, 512, 147	100.00%

二、案例分析

(一)行权过程

2018 年 3 月投服中心参加国中水务重大资产重组媒体说明会,现场向国中水务相关方提出四个方面的问题:一是标的公司持续盈利能力的问题;二是标的公司财务数据异常的原因;三是标的资产估值的合理性;四是剩余股份的最终安排。最终,国中水务于 2018 年 6 月 16 日买卖双方停止交易。

(二)行权内容分析

1. 标的公司持续盈利能力的问题

根据《交易预案》披露,标的公司洁昊环保 2017 年营业收入为 7078.98 万元,较上年同比减少约 21.5%;净利润为 1893.67 万元,同比减少约 35.9%。同时,洁昊环保在 2017 年的主要产品产量、销量均大幅减少,例如,除雾器系列净化产品 2017 年产量相比 2016 年减少 47.5%,销量同比 2016 年减少 41.7%;其他产品如脱硝系列产品、湿式除尘系列产品的产销率也有所下降。在标的公司近年业绩及主要生产销售情况出现明显下滑的前提下,上市公司进行重大资产重组,管理层是否对此进行过充分考量,其估值过程中是否对标的公司持续盈利能力的风险有过充分考虑。

2. 标的公司财务数据异常的原因

一是标的公司筹资活动现金流异常的原因。2017 年标的公司洁昊环保筹资活动产生的现金流量净额为 -4892.24 万元,而负债合计为 3943.38 万元,负债合计较 2016 年增长 2041.36 万元。在负债大幅增长的前提下,筹资活动现金大幅流出的原因是什么?如标的公司在重组前向原股东大幅分配股利,甚至不惜提高资产负债率,是否存在向原股东利益输送的嫌疑。

二是标的公司毛利率及应付账款偏高的原因。标的公司洁昊环保 2015 年、2016 年和 2017 年的毛利率分别为 56.79%、57.39% 和 51.32%,请财务顾问对比同行业上市公司说明毛利率是否偏高以及其合理性。另外,2017 年应付账款为 3081.19万元,占负债比例高达 77.73%,请补充披露标的公司近 3 年应付账款情况,以及关联方所占金额比例,并结合相关数据解释是否存在利润操纵的嫌疑。

3. 标的资产估值的合理性

标的资产洁昊环保收益法下100%股权预估值为3.6亿元,估值增值率为121.87%,估值增值率较高,《交易预案》中对此解释为企业拥有较为专业的核心技术人才、长期稳定的客户资源、对定制化产品的设计能力等无形资产,请标的公司结合在火电烟雾气治理行业所占市场份额、下游需求等具体分析。

4. 剩余股份的后续安排

本次交易的标的资产为洁昊环保56.64%的股份,对于该公司的剩余股份,上市公司仅表示"有意向"在标的资产交割完成后1个月内以现金方式收购,上市公司和相关股东方沟通情况及进展情况,《交易预案》中并无明确的置入计划和相关承诺。

案例7　＊ST鹏起出售其持有的丰越环保51%股权

2018年3月26日，鹏起科技发展股份有限公司（以下简称＊ST鹏起，股票代码为600614）公告了《鹏起科技重大资产出售暨关联交易报告书（草案）》（以下简称《重组预案》），拟将其持有的郴州丰越环保科技有限公司（以下简称丰越环保）51%的股权以123,318万元的对价转让给深圳市中亮实业有限公司（以下简称中亮实业）。

一、案例简介

（一）上市公司基本情况

＊ST鹏起成立于1993年1月18日，于1992年8月28日在上海证券交易所主板上市交易。发布《重组预案》时，＊ST鹏起股价为10.16元/股，总股本为1,752,773,758股，总市值达178.08亿元，上市公司不存在控股股东，公司实际控制人为张某某及其一致行动人，合计持有上市公司20.41%股权。公司与实际控制人的股权关系如图7-1所示。

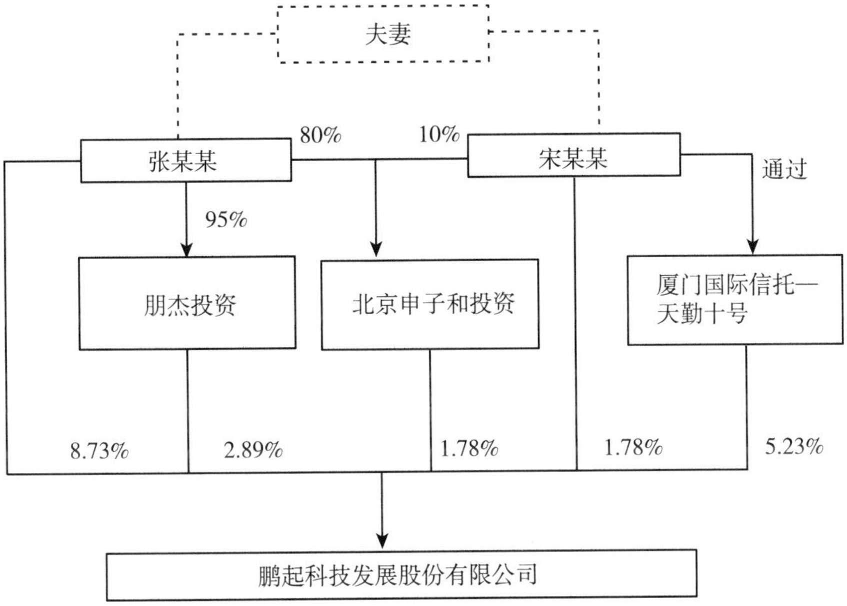

图 7－1　公司与实际控制人的股权关系

＊ST 鹏起主营业务为军工业务、有色金属加工业务，其最近四年及一期的主要财务指标如表 7－1 所示。

表 7－1　＊ST 鹏起主要财务指标　　单位：万元

项目	2017 年 10 月 31 日	2016 年 12 月 31 日	2015 年 12 月 31 日	2014 年 12 月 31 日
总资产	828,342.76	792,112.31	830,494.91	629,146.49
总负债	333,487.50	328,781.19	364,712.09	362,922.22
归属于母公司所有者权益	486,846.19	461,715.42	453,398.34	248,742.47
项目	2017 年 1～10 月	2016 年	2015 年	2014 年
营业收入	160,543.80	232,679.96	171,656.71	127,000.38
利润总额	37,916.19	13,996.50	5073.68	9613.79
归属于母公司所有者的净利润	30,340.36	9169.23	4707.92	7688.37

（二）标的资产基本情况

本次重组的拟出售资产为丰越环保。丰越环保成立于 2007 年 6 月 1 日，经过 4 次增资和 3 次股权转让，截至《重组预案》签署日，鹏起科技持有丰越环保 100% 的股权，鹏起科技的实际控制人为张某某及其一致行动人。

丰越环保的主营业务为环保科技咨询服务,硫酸、氧气、氮气、金、银生产、加工与销售,国家政策允许范围内的有色金属资源综合利用及环境治理服务。丰越环保最近三年及一期的主要财务指标如表7-2所示。

表7-2 丰越环保主要财务指标

单位:万元

项目	2017年10月31日	2016年12月31日	2015年12月31日	2014年12月31日
总资产	329,165.76	338,497.07	308,593.12	194,521.65
总负债	210,886.38	230,063.19	210,229.52	131,657.98
归属母公司的所有者权益	118,279.38	108,433.89	98,363.60	62,863.67
项目	2017年1~10月	2016年	2015年	2014年
营业收入	109,869.77	179,731.73	141,103.41	84,300.28
营业利润	12,874.24	24,848.67	17,647.78	15,006.34
利润总额	13,114.12	25,110.60	20,758.89	14,631.06
净利润	11,506.92	22,487.45	18,861.00	12,792.29

(三)重大资产重组方案精要

鹏起科技拟将其持有的丰越环保51%的股权以123,318万元的对价转让给中亮实业。公司拟通过本次交易进一步优化资产结构,回笼有效资金为后续发展军工业务及相关产业提供资金支持,实现公司在军工领域的更深层次发展。

以2017年10月31日为基准日,根据北京国融兴华资产评估有限责任公司出具的《评估报告》(国融兴华评报字〔2018〕第020019号)的评估结论,丰越环保收益法评估后的净资产价值为241,600.00万元,评估增值额为123,320.62万元,增值率为104.26%。本次评估以收益法的评估结果作为最终的评估结论,标的公司股东全部权益以收益法评估结果为241,600.00万元。

二、案例分析

(一)行权过程

2018年4月18日,投服中心参加了*ST鹏起重大资产重组媒体说明会。说明会现场,投服中心就标的资产估值是否偏低、出售资产交易是否合理、付款安排是否合理等三个方面提出了问题。

（二）行权内容分析

1. 估值是否偏低

投服中心指出，本次重组拟出售标的公司丰越环保是上市公司于 2014 年收购而来，前后两次估值增值率差异以及本次交易构成关联交易，可能会影响其估值的合理性。

首先，丰越环保两次估值增值率存在差异。2014 年 10 月公司收购丰越环保 100% 股权时，以 2013 年 12 月 31 日为评估基准日，丰越环保净资产账面值为 50,018.72万元，采用收益法评估值为 180,400 万元，评估增值率为 260.66%。在本次交易中，以 2017 年 10 月 31 日为评估基准日，丰越环保净资产账面价值为 118,279.38 万元，采用收益法的评估值为 241,600 万元，增值率为 104.26%。同样采用收益法进行估值，本次估值增值率远低于上次的原因不明。

其次，丰越环保 2017 年净利润大幅下降。2014 年公司收购丰越环保 100% 股权时，交易对方对丰越环保的业绩作出了承诺，根据上市公司历年披露的盈利预测实现完成情况专项说明，丰越环保 2014 ~ 2016 年业绩承诺完成率分别为 103.55%、107.00% 和 101.84%。《重组预案》披露，丰越环保 2014 ~ 2016 年净利润分别约为 1.28 亿元、1.89 亿元和 2.25 亿元。不过，业绩承诺期刚过，丰越环保业绩便出现大幅下降，2017 年 1 ~ 10 月仅实现净利润 1.15 亿元，仅为 2016 年的半数，而丰越环保 2017 年净利润大幅下降的原因不明。

此外，关联交易是否涉嫌利益输送。本次出售丰越环保 51% 股权的交易对方为中亮实业，其实际控制人为曹某某。而曹某某持有上市公司 8.18% 股份，构成关联交易。同时，丰越科技是上市公司 2014 年 10 月从曹某某等处收购而来，收购作价 18 亿元，期间上市公司对丰越科技增资 2.4 亿元。此次基本以成本价出售标的资产是否合理，涉嫌向关联方曹某某进行利益输送。

2. 交易是否合理

根据《重组预案》，丰越环保主营业务为有色金属综合回收利用，2014 年、2015 年、2016 年及 2017 年 1 ~ 10 月营业收入分别为 8.43 亿元、14.11 亿元、17.97 亿元和 10.99 亿元，占上市公司合并报表营业收入的比例分别为 66.38%、82.20%、77.24% 和 68.44%，比重较高。同时，2014 ~ 2016 年，上市公司合并报表归属于母公司所有者的净利润分别约为 7688.37 万元、4707.92 万元和 9169.23 万元,扣除丰越环保为上市公司贡献的利润,这 3 年上市公司均为亏损。可以说是丰越环保使上市公司避免被暂停上市的风险。本次交易完成后,上市公司持有丰越环保 49% 的股权,丰越环保将不在公司合并报表范围,上市公司归属于母公司股东的净利润和基本每股收益都将一定程度下降。在近几年盈利主要依靠丰越环保的情况下,出售丰越环保 51% 股权的合理性存疑。

3. 付款安排是否合理

本次交易中,丰越环保 51% 股权的最终转让价款为 123,318 万元,全部以现金支付。根据交易双方签订的《股权转让协议》,协议生效日后的次日,交易对方中亮实业向公司支付股权转让价款的 51%,剩余 49% 的交易对价于 2018 年 12 月 31 日前付清。故投服中心要求说明,如此分期支付安排的原因,如何保障第二期付款兑现。《重组预案》披露,中亮实业为 2017 年 3 月新成立的公司,主要从事生产企业的投资。中亮实业的履约能力存在不确定性,约 12.33 亿元的收购资金的来源不明。

案例8　亚夏汽车重大资产置换及发行股份购买中公教育

2018年5月5日，亚夏汽车股份有限公司（以下简称亚夏汽车，股票代码为002607）公告了《重大资产置换及发行股份购买资产暨关联交易报告书（草案）》（以下简称《草案》），拟以其拥有的置出资产与北京中公教育科技股份有限公司（以下简称中公教育）全体股东所拥有的置入资产的等值部分进行置换，亚夏汽车以非公开发行股份的方式向中公教育全体股东购买置入资产交易价格超过置出资产交易价格的差额部分。

一、案例简介

（一）上市公司基本情况

亚夏汽车成立于1998年，于2011年8月10日在深圳证券交易所中小企业板上市交易。发布《草案》时，亚夏汽车股价为4.06元/股，总股本为820,335,960股，总市值33.31亿元。在本次交易前，安徽亚夏实业股份有限公司（以下简称亚夏实业）及其一致行动人周某某、周甲、周乙、第一期员工持股计划合计控制公司股份比例为43.71%，亚夏实业为上市公司控股股东，周某某为上市公司实际控制人。上市公司与控股股东及实际控制人的股权控制关系如图8－1所示。

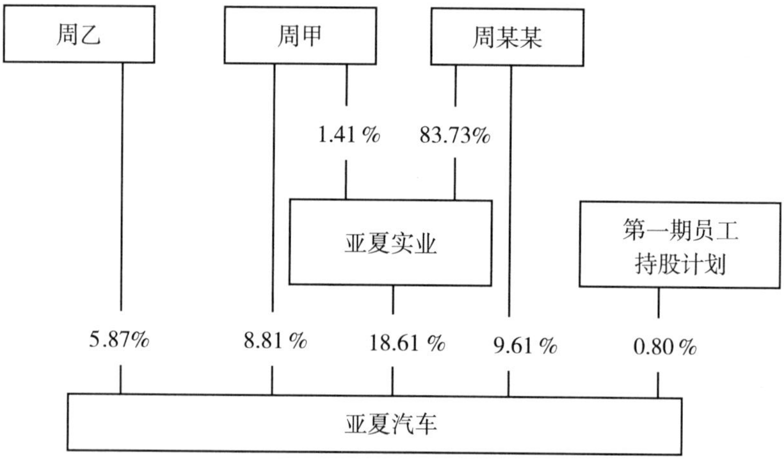

图 8-1 上市公司与控股股东及实际控制人的股权控制关系

亚夏汽车主营品牌汽车经销、维修、装潢、美容、汽车租赁、汽车金融、汽车保险经纪、二手车经纪与经销、驾培等,其最近 3 年的财务状况和经营成果如表 8-1 所示。

表 8-1 亚夏汽车基本财务指标

单位:万元

项目	2017 年 12 月 31 日	2016 年 12 月 31 日	2015 年 12 月 31 日
总资产	462,783.93	424,775.62	366,710.90
总负债	268,955.16	235,691.92	281,409.06
股东权益	193,828.76	189,083.70	85,301.84
项目	2017 年	2016 年	2015 年
营业收入	666,437.30	656,090.30	522,076.87
利润总额	10,497.59	8559.10	2815.04
净利润	7061.92	6416.04	1407.58

(二)标的公司基本情况

本次重组拟置入资产为中公教育 100% 股权,交易对方为中公教育全体股东,即鲁某某、李某某、王某某、北京航天产业投资基金(有限合伙)(以下简称航天产业)、北京广银创业投资中心(有限合伙)(以下简称广银创业)、北京基锐科创投资中心(有限合伙)(以下简称基锐科创)、郭某某、刘某、张某某、杨某某、张某安。

标的公司的前身北京新智域教育咨询有限公司于 2010 年 2 月 4 日由自然人鲁某、王某某在北京出资设立,后经多次增资、股权转让,于 2015 年 11 月整体变更为股份有限公司。中公教育的股东变更为鲁某某、李某某、王某某、航天产业、广银创业、基锐科创、郭某某、刘某、张某某、杨某某、张某安，其持股比例分别为47.70%、19.80%、18.00%、5.00%、3.33%、1.67%、0.90%、0.90%、0.90%、0.90%和0.90%。中公教育第一大股东鲁某某、第二大股东李某某系母子关系，合计持有中公教育67.50%股份，为中公教育共同实际控制人。

中公教育主要从事非学历职业就业培训服务，培训内容涵盖公务员招录、事业单位招录、教师资格及招录和其他面授及线上培训服务。截至2018年3月31日，其共拥有17家全资子公司、1家参股公司、31所已取得民办非企业单位登记证书的民办学校，并拥有631家分公司。其最近3年的主要财务状况如表8-2所示。

表8-2　中公教育主要财务数据

单位：万元

项目	2017年12月31日	2016年12月31日	2015年12月31日
总资产	323,475.45	241,485.75	136,088.67
总负债	223,444.05	175,315.06	98,089.30
股东权益	100,031.40	66,170.68	37,999.37
项目	2017年	2016年	2015年
营业收入	403,125.73	258,407.51	207,586.04
利润总额	62,466.10	38,993.92	19,224.35
净利润	52,483.72	32,658.88	16,094.35

（三）重大资产重组方案精要

亚夏汽车本次重组共包括重大资产置换、发行股份购买资产、股份转让三部分。前述三项交易互为条件，其中任何一项不生效或因故无法实施的，其他两项也不生效或不予实施。

1.重大资产置换

上市公司拟将截至评估基准日除保留资产以外的全部资产与负债作为置出资产，与李某某等11名交易对方持有的中公教育100%股权中的等值部分进行资产置换。其中保留资产包括：（1）上海最会保网络科技有限公司18%股权；（2）安徽宁国农村商业银行股份有限公司7.81%股份；（3）12宗国有土地使用权及土地上附属的房产、在建工程。以2017年12月31日为基准日，选用收益法评估结果作为最终评估结论，本次交易中拟置入资产评估值为1,853,500.00万元。根据《重大资产置换及发行股份购买资产协议》,经交易各方友好协商,本次交易中拟置入资产作价1,850,000.00万元。

2. 发行股份购买资产

经交易各方协商一致,拟置入资产与拟置出资产交易作价的差额部分由上市公司以发行股份的方式自中公教育全体股东购买。经交易各方协商一致,本次交易中拟置出资产最终作价135,144.03万元,拟置入资产最终作价1,850,000.00万元,两者差额为1,714,855.97万元。如本次交易实施完毕前上市公司进行现金分红,则拟置入资产和拟置出资产的差额也进行相应的调整。

本次发行股份购买资产的定价基准日为上市公司第四届董事会第二十四次会议决议公告日,发行股份购买资产的股份发行价格为3.68元/股,不低于定价基准日前20个交易日股票均价的90%。

3. 股份转让

上市公司控股股东亚夏实业向北京中公未来信息咨询中心(有限合伙)(以下简称中公合伙)和李某某分别转让其持有的80,000,000股和72,696,561股上市公司股票。其中,(1)李某某等11名交易对方同意将与上市公司进行资产置换取得的拟置出资产由亚夏实业或其指定第三方承接,作为中公合伙受让80,000,000股亚夏汽车股票的交易对价;(2)李某某以100,000.00万元现金作为其受让72,696,561股亚夏汽车股票的交易对价。

4. 业绩承诺与补偿协议

根据上市公司与李某某等8名业绩补偿义务人签署的《盈利预测补偿协议》,本次交易的业绩补偿期为2018年、2019年和2020年。业绩补偿义务人承诺本次重大资产重组实施完毕后,中公教育在2018年、2019年和2020年合并报表范围扣除非经常性损益后的归属于母公司所有者的净利润数分别不低于93,000.00万元、130,000.00万元和165,000.00万元。上市公司应在本次交易实施完成后,聘请具有证券业务资格的会计师事务所对中公教育当期实际扣非净利润出具专项审计报告。如果中公教育在利润补偿期间截至每个会计年度期末实际净利润数(累计数)未能达到承诺净利润数(累计数),则业绩承诺人应按照《盈利预测补偿协议》约定履行补偿义务。

在利润补偿期满时,上市公司应聘请具有证券期货业务资格的会计师事务所依照相关规则及要求,对中公教育出具《减值测试报告》。如果中公教育期末减值额 > 已补偿股份总数 × 发行股份价格 + 已补偿现金数额,则业绩承诺人应对上市公司进行补偿,计算公式为:中公教育减值应补偿的金额 = 中公教育期末减值额 - 承诺年度内已补偿总金额。

5. 交易完成后亚夏汽车股权结构

重组前,亚夏实业为上市公司控股股东,周某某为上市公司实际控制人。本次交易完成后,上市公司总股本将增加至5,480,270,657股,李某某、鲁某某及其一致行动人中公合伙将合计持有上市公司3,298,152,483股,占本次交易后上市公司总股本的60.18%,李某某和鲁某某将成为上市公司的控股股东及实际控制人。本次交易完成后的股权结构如表8-3所示。

表8-3 本次重组前后上市公司股权结构

股东名称	本次交易前		本次交易后	
	持股数量(股)	持股比例(%)	持股数量(股)	持股比例(%)
亚夏实业	152,696,561	18.61	—	—
周某某	78,848,640	9.61	78,848,640	1.44
周甲	72,277,920	8.81	72,277,920	1.32
周乙	48,185,280	5.87	48,185,280	0.88
第一期员工持股计划	6,554,790	0.80	6,554,790	0.12
其他股东	461,772,769	56.29	461,772,769	8.43
鲁某某	—	—	2,222,788,852	40.56
李某某	—	—	995,363,631	18.16
王某某	—	—	838,788,246	15.31
航天产业	—	—	232,996,735	4.25
广银创业	—	—	155,331,156	2.83
基锐科创	—	—	77,665,578	1.42
郭某某	—	—	41,939,412	0.77
刘某	—	—	41,939,412	0.77
张某某	—	—	41,939,412	0.77
杨某某	—	—	41,939,412	0.77
张某安	—	—	41,939,412	0.77
中公合伙	—	—	80,000,000	1.46
合计	820,335,960	100.00	5,480,270,657	100.00

二、案例分析

(一)行权过程

2018年5月16日,投服中心参加亚夏汽车重大资产重组媒体说明会,并现场向亚夏汽车提出四个方面的问题:一是本次重组拟置入资产的持续盈利能力;二是中公教育估值是否公允;三是股份转让价格的合理性;四是业绩承诺能否实现。2018年12月1日,亚夏汽车公告本次重组获得证监会核准。

(二)行权内容分析

1. 本次重组拟置入资产的持续盈利能力

《草案》披露,本次重组拟置入资产中公教育存在行业政策风险、经营场所不确定风险、人才资源短缺及流失风险等。投服中心注意到,中公教育所处的培训教育行业为人才密集型行业,学员在选择培训机构时,看重的往往是教育机构所拥有的名师。《草案》披露,优秀的教研人才和管理人才是保证中公教育业务稳步增长的核心因素。中公教育目前拥有全职授课教师6530名,一旦其核心名师与核心技术人员流失,其将面临学员数量大幅减少的风险,进而影响中公教育的盈利能力。本次交易构成重组上市,应当符合《首发管理办法》的相关规定。《首发管理办法》中明确规定,发行人不得有对持续盈利能力构成重大不利影响的情形,而中公教育面临的人才流失风险可能对公司的持续盈利能力造成重大不利影响。因此,相关方需说明中公教育员工年留任率及确保核心名师和技术人员留任而采取的措施。

2. 中公教育估值是否公允

《草案》披露,以2017年12月31日为评估基准日,采用收益法评估,拟置入资产中公教育经审计净资产账面价值为10亿元,收益法评估价值为185.35亿元,增值率为1752.92%。但是,中公教育主营的教育培训业务市场规模年均增长率有限,可能会影响估值的合理性。《草案》披露,中公教育2015~2017年的公务员招录培训收入分别约为13.4亿元、15.3亿元和20.7亿元,分别占当年主营业务收入的64.73%、59.31%和51.28%,是中公教育收入的主要来源;中公教育另一重要收入来源为事业单位招录培训,近3年收入占营业收入的比例均在10%以上。在收益法估值的过程中,公务员序列的营业收入在2018~2022年预测数分别为30.8亿元、38.5亿元、44.7亿元、50.0亿元、54.0亿元，其中2018年和2019年的营业收入预测增速约为48.79%和25%。而对2018～2020年事业单位招录培训的预测营业收入增长率也分别达到64%、45%和30%。但研究机构对培训市场规模的预测中，中国产业网给出的是未来5年国内公务员及事业单位招录培训市场年均18%的增长率。弗若斯特沙利文咨询公司研究报告指出，2013～2017年国内公务员培训市场规模的年复合增长率为17.4%，未来5年将以年均14.5%增长；事业单位招录培训市场规模的年复合增长率为17.8%，未来5年将以年均14.3%增长。在潜在学员总体数量相对有限，且市场规模增速有限的情况下，预测公务员招录培训、事业单位招录培训营业收入高速增长是否合理；是否导致了拟置入资产的估值偏高。

3. 股份转让价格的合理性

《草案》披露，本次交易方案包括重大资产置换、发行股份购买资产、股份转让，且三者互为条件，任何一项不生效或因故无法实施的，其他两项也不生效或不予实施。股份转让包括两项内容。一是上市公司现控股股东亚夏实业向中公合伙转让其持有的80,000,000股上市公司股票，对价为本次重组拟置出资产，其评估值为13.51亿元。据此，则该部分股份转让价格约16.89元/股。二是亚夏实业向李某某转让其持有的72,696,561股上市公司股票，对价为10亿元现金，股份转让价格约13.76元/股。而本次发行股份购买资产的股份发行价格仅为3.68元/股，重组停牌时上市公司股价为4.06元/股，股份转让的每股价格远远高于发行股份价格和公司股价的原因尚需进一步说明。

以2017年12月31日为评估基准日，本次交易拟置出资产经审计净资产账面价值为9.89亿元，采用资产基础法的评估值为13.51亿元，增值率为36.66%。上市公司拟置出资产的价格是否被低估；亚夏实业作为上市公司现控股股东，是否以低价置出资产、高价置入资产作为条件，换取了高价转让上市公司股权，套取巨额利益，进而损害了广大中小股东的利益。

4. 业绩承诺能否实现

根据《草案》，李某某等8名交易对方承诺，中公教育2018～2020年各年度实现的扣非归母净利润分别不低于9.3亿元、13亿元和16.5亿元。但中公教育报告期2015～2017年的净利润分别约为1.6亿元、3.3亿元和5.2亿元，年均净利润不到3.4亿元。而此次业绩承诺的数额明显提高，年均净利润约为12.9亿元，是报告期年均净利润的3.79倍。高额业绩承诺的可实现性尚需解释。此外,《草案》显示,中公教育2018~2020年各年度的净利润预测数分别约为8.76亿元、12.46亿元和16.23亿元。而2018~2020年的每年业绩承诺数都高于该预测数值,需相关方解释业绩承诺数确定的合理性。

案例9　海航科技发行股份及支付现金购买当当科文、北京当当

2018年4月12日，海航科技股份有限公司（原名天津天海投资发展股份有限公司，以下简称海航科技，股票代码为600751）公告了《发行股份及支付现金购买资产并募集配套资金暨关联交易预案》（以下简称《重组预案》），拟通过发行股份及支付现金方式购买北京当当科文电子商务有限公司（以下简称当当科文）100%的股权和北京当当网信息技术有限公司（以下简称北京当当）100%的股权。

一、案例简介

（一）上市公司基本情况

海航科技成立于1992年，于1996年9月在上海证券交易所主板上市交易。发布《重组预案》时，海航科技正处于停牌期间，股价为6.49元/股，总股本为2,899,337,783股，总市值188.17亿元，在本次交易前，海航科技控股股东为海航科技集团有限公司（以下简称海航集团），持股比例为20.76%，实际控制人为海南省慈航公益基金会。

海航科技原属于航运行业，主营航运业务，经营及管理以天津、上海、宁波、青岛为基本港，至韩国的国际近洋及国内沿海多个口岸的集装箱班轮货物运输航线。2016年12月海航科技成功并购全球IT分销与供应链企业英迈国际，逐步剥离海运业务，转型科技行业，并围绕英迈国际完善IT供应链生态圈，上市公司主营业务变更为IT产品分销业务、仓储与物流业务、互联网金融业务、云集市及云计算业务。海航科技最近3年的财务状况和经营成果如表9-1所示。

表 9-1　海航科技基本财务指标

单位:万元

项目	2017 年 9 月 30 日	2016 年 12 月 31 日	2015 年 12 月 31 日	2014 年 12 月 31 日
总资产	11,453,597.00	11,796,614.80	1,278,297.71	1,257,219.40
总负债	9,749,109.60	10,090,050.60	55,638.66	68,553.51
股东权益	1,278,398.70	1,276,981.20	1,213,648.64	1,189,520.55
项目	2017 年 1~9 月	2016 年	2015 年	2014 年
营业收入	22,389,485.00	3,756,120.80	72,018.77	42,362.30
利润总额	6357.00	62,096.40	29,279.40	8633.21
净利润	12,119.40	32,150.80	24,671.04	7893.98

(二)标的公司基本情况

本次重组交易中,购买的标的公司为当当科文和北京当当,交易对方为俞某、李某某、天津骞程、天津微量、上海宜修、天津科文、天津国略以及 E-Commerce。

当当科文于 2004 年 8 月 24 日在北京成立,主营业务包括自营图书、自营百货、第三方平台等,俞某和李某某各持有其 50% 的股权。北京当当于 1997 年 7 月 8 日在北京成立,其前身是北京科文书业信息技术有限公司,主营业务包括自营百货、自营图书等。截至《重组预案》出具日,俞某、李某某及其儿子合计间接持有北京当当 93.26% 股权,俞某、李某某合计直接持有当当科文 100% 的股权。北京当当、当当科文的控股股东、实际控制人为俞某、李某某。标的公司的产权结构及控制关系如图 9-1 所示。

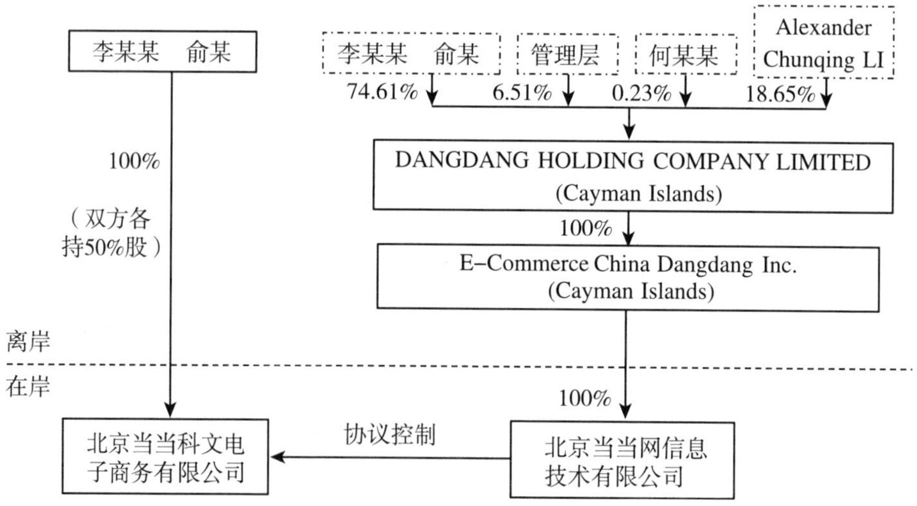

图 9-1　标的公司产权结构及控制关系(红筹架构拆除前)

2018年4月10日，俞某、李某某、天津骞程、天津微量、天津科文、天津国略、上海宜修、E-Commerce、北京当当、当当科文等有关各方分别签署《股权转让协议》《借款合同之解除协议》《借款修订及重述协议之解除协议》《股权质押修订及重述合同之解除协议》等一系列协议，解除北京当当与当当科文之间的协议控制关系。截至《重组预案》公告日，上述股权转让交易正在办理工商变更登记程序。拆除红筹及VIE架构后的股权架构如图9－2所示。

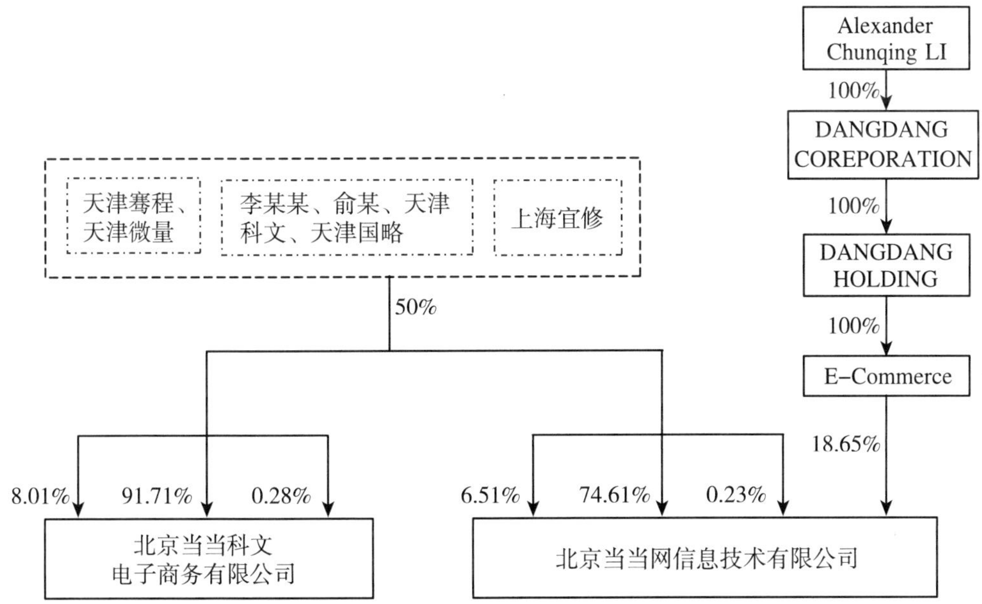

图9－2　标的公司产权结构及控制关系（红筹架构及VIE架构拆除后）

拆除红筹架构和VIE协议后，基于同一控制下交易标的最近2年未经审计的模拟合并报表主要财务数据如表9－2所示。

表9－2　标的公司主要财务数据（合并报表）　　单位：万元

项目	2017年12月31日	2016年12月31日
总资产	401,028.25	345,395.72
总负债	398,213.75	378,787.20
股东权益	3814.50	－33,391.48

续表

项目	2017 年	2015 年
营业收入	1,034,215.23	954,975.77
营业利润	33,450.37	13,483.13
利润总额	37,005.03	17,894.15
净利润	35,892.35	13,247.77

(三)重大资产重组方案精要

海航科技本次重组分两步骤进行,一是拆除红筹架构和 VIE 架构,解除北京当当与当当科文之间的协议控制关系,并进行股权转让;二是重大资产购买,海航科技拟通过发行股份及支付现金方式购买当当科文 100% 的股权和北京当当 100% 的股权。本次重组完成后,为海航科技新增了电商业务板块,主营业务不发生实质性改变。

1. 股权转让

标的公司中的当当科文原为北京当当通过协议方式控制的实体。2018 年 4 月 10 日,俞某、李某某、天津骞程、天津微量、天津科文、天津国略、上海宜修、E-Commerce、北京当当、当当科文等有关各方分别签署《股权转让协议》《借款合同之解除协议》《借款修订及重述协议之解除协议》《股权质押修订及重述合同之解除协议》等一系列协议,解除北京当当与当当科文之间的协议控制关系。根据相关《股权转让协议》,E-Commerce 将其持有的北京当当 141,003,072 元出资转让予天津科文、60,429,888 元出资转让予天津国略、9,666,000 元出资转让予天津骞程、7,921,800 元出资转让予天津微量,621,000 元出资转让予上海宜修;李某某将其持有的当当科文 2,839,368.26 元出资转让予俞某、880,160.50 元出资转让予天津骞程、721,338.24 元出资转让予天津微量、56,546.60 元出资转让予上海宜修。

2. 重大资产购买

海航科技拟以通过发行股份及支付现金方式购买当当科文 100% 股权和北京当当 100% 股权。以 2017 年 12 月 31 日为预评估基准日,采用收益法进行评估,标的公司 100% 股权的预估值为 75 亿元,账面净资产为 0.32 亿元,评估增值率为 23,492.84%。

海航科技拟以发行股份的方式支付 40.6 亿元,以现金方式支付 34.4 亿元。拟向各交易对方支付的股份和现金对价如表9－3所示。

表9－3　各交易对方选择对价方式的具体情况　　单位：万元

序号	交易对方	交易对价	股份对价		现金对价
			股份金额	发行股份数量(股)	
1	俞某	255,426.50	255,426.50	409,994,382	—
2	天津科文	136,248.70	—	—	136,248.70
3	李某某	109,468.50	109,468.50	175,711,878	—
4	天津国略	58,392.30	—	—	58,392.30
5	天津骞程	26,850.00	22,590.71	36,261,175	4259.29
6	天津微量	22,005.00	18,514.29	29,717,958	3490.71
7	上海宜修	1725.00	—	—	1725.00
8	E-commerce	139,884.00	—	—	139,884.00

3.募集配套资金

公司拟以询价方式向包括天津保税区投资控股集团有限公司在内的不超过10名符合条件的特定投资者非公开发行股票募集不超过40.6亿元的配套资金。募集资金非公开发行股票数量拟不超过本次交易前上市公司总股本的20%，且募集配套资金总额不超过本次交易中以发行股份方式购买资产对应的交易价格的100%。本次募集配套资金拟用于支付本次交易现金对价、标的公司全国第二总部建设项目、标的公司天津新建库房和附属项目及支付本次交易中介机构费用、交易税费。本次交易不以募集配套资金成功实施为前提。

4.业绩承诺与补偿安排

交易双方协商一致不就标的资产业绩做承诺或补偿。

5.交易完成后航海科技股权结构

股权转移前，海航科技的控股股东海航集团持股比例为20.76%，公司实际控制人为海南省慈航公益基金会；本次股份转让后，海航集团仍为控股股东，持股比例下降为16.95%，俞某、李某某等交易对方将成为海航科技的新股东，合计持有公司18.36%的股份，实际控制人不发生变化。

二、案例分析

(一)行权过程

2018 年 5 月 28 日,投服中心参加海航科技重大资产重组媒体说明会,并在现场向海航科技提出三个方面的问题:一是本次交易高负债并购的合理性;二是标的资产估值的公允性;三是重组交易的合规性。最终,海航科技于 2018 年 9 月 19 日终止了这次重组。

(二)行权内容分析

1. 高负债并购的合理性

《重组预案》披露,截至 2017 年 9 月 30 日,上市公司的资产负债率已高达 85.12%,经营活动产生的现金流净额为 -50.8 亿元。同时,2017 年 4 月 28 日公司公告,普华永道对公司 2017 年财务报告就 1 年内到期的非流动负债问题出具了“与持续经营相关重大不确定性”的段落,因海航科技子公司 GCL 发生借款迟还事件,银团及相关银行有权要求其随时偿还 42.7 亿元借款。而标的公司截至 2017 年 12 月 31 日的总负债为 39.82 亿元,其中流动负债为 39.48 亿元,资产负债率已高达约 99%,接近资不抵债的边缘。本次交易完成后,标的公司的所有负债将并入上市公司,从而进一步加剧上市公司的负债压力,提高公司的资产负债率,财务风险非常高,将对上市公司当期损益及资产质量产生重大不利影响。上市公司在自身负债较高、偿债能力不足的情况下,仍以 75 亿元高估值价格收购资产负债率如此高的标的公司的合理性存疑。

2. 标的资产高估值的公允性

《重组预案》披露,以 2017 年 12 月 31 日为评估基准日,标的资产的预估值为 75 亿元,净资产账面价值为 3178.93 万元,估值增值率高达 23,492.84%。估值的公允性存在以下几个方面的问题。

(1)标的资产业绩快速增长持续性存疑。《重组预案》披露,标的公司 2016 年和 2017 年归属于母公司股东的净利润分别为 1.33 亿元和 3.62 亿元,2017 年较 2016 年增长 172.2%。参考市场可比同类公司阿里巴巴、唯品会、聚美优品等电商行业公司 2017 年净利润增长率,均未发生如此高的业绩增长。结合行业情况,标的公司2017年业绩爆发式增长的合理性存疑,其业绩的可持续性存疑。电子商务行业存在高估值、业绩不稳定等特点,本次基于标的公司2017年业绩快速增长所作的估值公允性存疑。

(2)标的公司2016年私有化估值与本次估值差异巨大。依据标的公司美国私有化公开文件披露,标的公司2016年9月私有化确定的最终价格为每股存托凭证为6.7美元,估值为5.56亿美元,按照当时美元兑人民币汇率计算,约为人民币37亿元。而本次交易预估值为75亿元,两者存在较大差异。仅仅相差1年多,标的资产的估值增幅达到一倍,两次估值价格存在较大差异的真实原因存疑。

(3)高估值却未作业绩承诺安排。《重组预案》披露,交易双方协商一致不就标的资产业绩做承诺或补偿。截至2017年9月30日,上市公司商誉为147.78亿元,净资产为127.84亿元,商誉累计额度占净资产的115.6%。同时,本次交易估值溢价74.68亿元,将进一步增加公司的商誉。若标的公司或其子公司未来经营状况恶化,则存在商誉减值的风险,将对公司当期损益造成不利影响。在本次交易高估值且上市公司已累计高额商誉的背景下,标的公司却不作任何业绩承诺或补偿安排,其合理性存疑。一旦标的公司未来经营收益状况不佳,发生大额商誉减值,则其对上市公司以及中小投资者造成的重大损失将无人承担。

3. 本次重组交易是否存在合规性风险

(1)本次交易后续安排是否会发生实际控制人变更。《重组预案》中尚未披露交易对方李某某、俞某、天津科文等是否参与本次募集配套资金的认购,同时也未披露李某某等人以及一致行动人未来60个月内不增持的承诺安排。本次交易完成后,海航科技和大新华物流的持股比例合计将变更为24.46%,与李某某、俞某合计持有的16.49%相差不算太大,若李某某等人及其一致行动人参与本次配套资金认购,或重组后存在增持安排,上市公司的控制权将发生变更。

(2)本次交易是否符合《上市公司重大资产重组管理办法》第11条规定。《重组预案》披露,E-commerce将其持有的北京当当100%股权以及北京当当拥有的位于武清区的不动产质押给中国银行上海浦东开发区支行,用以担保总额1.4亿美元贷款。《上市公司重大资产重组管理办法》第11条规定,重大资产重组所涉及的资产权属应清晰,资产过户或转移不存在法律障碍。同时,《关于规范上市公司重大资产重组若干问题的规定》第4条规定,上市公司拟购买资产的,在本次交易的首次董事会决议公告前,资产出售方必须已经合法拥有标的资产的完整权利,不存在限制或禁止转让的情形。截至本次交易的首次董事会决议日,北京当当的股权及不动产依旧处于质押、抵押状态。因标的资产权属是否清晰、标的公司是否存在不能清偿美元贷款而导致无法解除标的资产质押的风险可能对本次交易的合规性产生影响。

(3)红筹架构拆除过程是否符合相关税收规定。依据《国家税务总局关于非居民企业所得税源泉扣缴有关问题的公告》的规定,非居民企业转让境内企业股权所得,应按照股权转让收入减去股权净值后的余额作为应纳税所得额缴纳所得税。E-Commerce 作为开曼注册公司,在转让外商独资企业北京当当的过程中应就相应的股权转让所得缴纳所得税。在境外上市公司拆除红筹架构过程中,税务问题往往也是主要合规问题之一,由于原始股东当初取得的股权成本较低,在股权转让过程中需要就股权转让所得缴纳大额税费。标的公司相关义务主体在红筹架构拆除过程中是否已履行了相应税收缴纳义务可能影响拆除进度和结果等。

(4)标的公司的商标、域名、租赁合同已经过期,是否影响公司正常运营。《重组预案》中披露的标的公司主要资产权属情况显示,北京当当与安捷伟业的租赁合同已过期,25 项商标已过期,近百项域名已经过期。若标的公司尚未就过期的商标、域名及租赁协议完成续展手续,是否会影响公司的正常经营及未来持续盈利能力。

案例10　新日恒力支付现金收购宇航汽车

2018年5月12日，宁夏新日恒力钢丝绳股份有限公司（以下简称新日恒力，股票代码为600165）公告了《重大资产购买预案》（以下简称《重组预案》），拟以支付现金的方式购买阳城县皇城相府（集团）实业有限公司（以下简称皇城相府集团）持有的山西皇城相府宇航汽车制造有限公司（以下简称宇航汽车）90.00%的股权，股权转让完成后，新日恒力拟以货币资金对宇航汽车增资。

一、案例简介

（一）上市公司基本情况

新日恒力成立于1998年，并于同年5月29日在上海证券交易所上市交易。发布《重组预案》时，新日恒力股价为16.51元/股，总股本为684,883,775股，总市值113.07亿元。上海中能企业发展（集团）有限公司（以下简称上海中能）所持股份数占公司总股本的29.20%，为公司控股股东。上海中能的控股股东、实际控制人虞某某为公司的实际控制人。

最近3年，新日恒力主营业务为金属线材制品的生产及销售、活性炭制品的生产及销售、干细胞制备和储存、贸易等。其最近三年及一期的财务状况和经营成果如表10－1所示。

表10-1 新日恒力基本财务指标

单位:万元

项目	2018年3月31日	2017年12月31日	2016年12月31日	2015年12月31日
总资产	210,106.41	229,904.40	334,594.19	392,063.68
总负债	107,975.17	127,882.76	244,327.83	288,949.35
股东权益	102,131.24	102,021.64	90,266.36	103,114.34
项目	2018年1~3月	2017年	2016年	2015年
营业收入	16,270.67	124,793.97	278,505.39	107,665.15
利润总额	139.62	4234.46	-18,237.01	4865.96
净利润	121.33	4115.04	-18,779.96	4716.52

(二)标的公司基本情况

本次交易的标的公司为宇航汽车,交易对方为皇城相府集团。标的公司的前身山西宇星客车有限公司成立于1998年3月,由山西省汽车运输总公司、太原市新源汽车运输出租有限公司出资设立,后经多次增资、股权转让,皇城相府集团持有其100%的股权。阳城县北留镇皇城村民委员会通过持有皇城相府集团76.78%股权,间接持有宇航汽车100.00%的股权,为宇航汽车的实际控制人。宇航汽车主营业务为新能源汽车的研发、生产与销售,主要产品为新能源客车。

(三)重大资产重组方案精要

新日恒力拟以支付现金的方式购买皇城相府集团持有的宇航汽车90.00%的股权。同时,股权转让完成后,公司拟对宇航汽车增资57,500万元,增资完成后,新日恒力将持有宇航汽车97.1825%的股权。

经预估,以2017年12月31日为评估基准日,宇航汽车股东全部权益价值的预估值为17,531.85万元,标的股权预估值为15,778.67万元。根据《资产购买及增资框架协议》中对于债权债务安排的约定,皇城相府集团将豁免宇航汽车对皇城相府集团及其关联方的应付账款约1182.41万元,并同意宇航汽车以其应收账款及部分存货未经审计的账面价值超过经预审计的账面价值的6312.58万元超额抵减宇航汽车对皇城相府集团及其关联方的其他应付款。结合预估值并考虑上述债权债务安排对于预估值的影响,经调整,宇航汽车股东全部权益预估值约为25,026.84万元,标的股权的预估值约为22,524.16万元。经交易双方协商,标的股权交易价格为21,767.93万元。本次交易的交易金额(包括股权转让价款和增资金额)合计 79,267.93 万元。

二、案例分析

（一）行权过程

2018 年 6 月 4 日，投服中心参加新日恒力重大资产重组媒体说明会，并在现场向新日恒力提出两个方面的问题：一是上市公司的支付能力是否存在不确定性；二是标的公司是否具有持续盈利能力。2018 年 7 月 4 日，新日恒力公告终止了本次重大资产重组事项。

（二）行权内容分析

1. 上市公司的支付能力存在不确定性

《重组预案》披露，本次交易为现金交易，涉及交易的资金源于公司自有资金及通过法律法规允许的方式筹集的资金。新日恒力 2018 年第一季度报告显示，期末现金余额仅有 3579 万元。而本次现金交易的总金额约 7.9 亿元。上市公司曾披露过向控股股东上海中能申请不超过 6 亿元人民币借款。上市公司应说明是否可以及时收到控股股东的 6 亿元款项及剩余资金缺口解决的措施。同时，以自有资金或通过贷款等自筹方式支付全部现金对价将降低上市公司的现金储备和投资能力，对上市公司经营资金的流动性造成不利影响，上市公司的财务杠杆和财务风险也将增加，上市公司应当说明应对这些可能发生风险的措施。此外，如果上市公司难以及时筹集到交易资金，可能导致本次重组存在不确定性。

2. 标的公司是否具有持续盈利能力

首先，标的公司宇航汽车长期停产。《重组预案》披露，标的公司宇航汽车 2017 年至今一直处于停产状态，且 2016 年和 2017 年的产能利用率仅为 0.3% 和24.3%，其何时复产、复产规模、复产后产品结构等都存在不确定性。

其次，宇航汽车的核心技术不足。宇航汽车仅拥有 11 项专利技术，全部应用于传统客车，且全部为实用新型专利和外观设计专利，并没有涉及汽车核心技术的发明专利。同时，宇航汽车仅拥有 1 名核心技术人员，研发人员不足。

最后，《重组预案》披露，宇航汽车收入中有大部分来源于国家和山西省政府对新能源汽车企业实施的财政补贴，而政府未来对新能源汽车的补贴政策又存在不确定性。需要注意的是,报告期内,宇航汽车的主要产品为新能源客车,主要客户为公交公司和客运公司。而按照上市公司针对宇航汽车制订的发展规划,短期内宇航汽车将主要以生产新能源物流车为主。一方面,由于新能源物流车的采购客户将主要为快递、货物运输等领域的企业,在客户主体变化后,宇航汽车将面临开拓新市场的风险。另一方面,报告期内,宇航汽车仅有一款新能源物流车车型进入《道路机动车辆生产企业及产品公告》及《新能源汽车推广应用推荐车型目录》。因此,若宇航汽车后续新能源物流车车型无法进入《道路机动车辆生产企业及产品公告》及《新能源汽车推广应用推荐车型目录》,宇航汽车存在新能源物流车生产无法开展或无法申请新能源汽车补贴的风险。

综上所述,在宇航汽车复产时间、产能存在未知,且核心技术及研发能力不足的情况下,再加上政府补助收入能否持续取得、取得的具体数额和时间等均具有一定不确定性,宇航汽车持续盈利能力存疑。

案例11　中珠医疗现金购买康泽药业、浙江爱德

2018年4月28日，中珠医疗控股股份有限公司（以下简称中珠医疗，股票代码为600568）公告了《重大资产购买预案》（以下简称《重组预案》），拟以支付现金的方式，购买康泽药业股份有限公司（以下简称康泽药业）27名股东以及浙江爱德医院有限公司（以下简称浙江爱德）2名股东分别持有的康泽药业74.5262%的股权和浙江爱德100%的股权。

一、案例简介

（一）上市公司基本情况

中珠医疗成立于1994年，于2001年5月18日在上海证券交易所主板上市交易。发布《重组预案》时，中珠医疗股价为6.49元/股，总股本为1,992,869,681股，总市值129.34亿元，其控股股东为珠海中珠集团股份有限公司（以下简称中珠集团），直接持有公司29.52%的股份，实际控制人为许某某，其直接和通过中珠集团、云信增利42号证券投资单一资金信托间接控制公司31.13%的股份。

中珠医疗以医疗医药业务和房地产业务为主业，其收入和利润主要来源也是医疗医药业务和房地产业务，其最近3年的财务状况和经营成果如表11－1所示。

表 11－1　中珠医疗基本财务指标

单位:万元

项目	2017 年 12 月 31 日	2016 年 12 月 31 日	2015 年 12 月 31 日
总资产	727,201.41	713,751.58	429,198.55
总负债	112,562.80	112,502.80	164,687.87
股东权益	614,638.61	601,248.77	264,510.69
项目	2017 年	2016 年	2015 年
营业收入	98,102.38	109,897.76	92,178.24
营业利润	26,091.14	32,973.13	6510.72
利润总额	25,676.98	37,190.58	9746.04
净利润	16,029.78	29,270.31	7165.66

(二)标的公司基本情况

本次重组的标的公司为康泽药业和浙江爱德。康泽药业交易对方为上海康卡健康咨询合伙企业(以下简称康卡咨询)、上海良济堂企业咨询合伙企业(以下简称上海良济堂)、南平良济堂股权投资合伙企业(以下简称南平良济堂)、广发证券股份有限公司(以下简称广发证券)、共青城雅德投资管理合伙企业(以下简称共青城雅德)、周某某、张某生、共青城裕德投资管理合伙企业(以下简称共青城裕德)、林某珠、张某、林某坡、深圳前海汤孚金融控股有限公司(以下简称前海汤孚)、郑某某、洪某某、陈某烨、陈某琳、苏某某、赖某某、吴某某、辛某某、陈某强、陈某、陈某生、黄某某、林某、谢某某、蔡某某,27 个交易对方共同持有康泽药业 74.5262% 股权。浙江爱德的交易对方为杭州上枫投资合伙企业(以下简称杭州上枫)、杭州忆上投资管理合伙企业(以下简称杭州忆上),2 个交易对方共同持有浙江爱德 100% 的股权。

康泽药业于 2003 年 10 月在汕头市成立,由陈某黛和杜某某创办,所处的行业为医药流通行业,主营业务包括线下批发、零售连锁、电商批发及电商零售。截至《重组预案》签署之日,康泽药业共拥有 8 家子公司以及 3 家参股公司,具体股东持股比例如图 11－1 所示,其近 2 年的财务数据如表 11－2 所示。

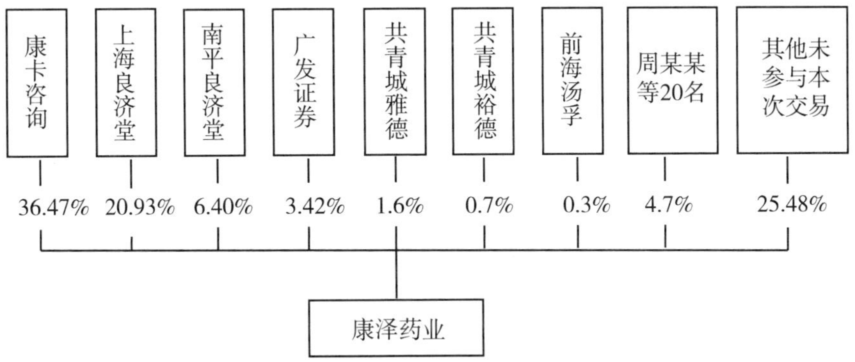

图 11－1 康泽药业股权结构

表 11－2 康泽药业简要财务数据 单位:万元

项目	2017 年 12 月 31 日	2016 年 12 月 31 日
总资产	127,623.00	105,100.87
总负债	64,764.21	48,471.93
股东权益	62,858.79	56,628.94
项目	2017 年	2016 年
营业收入	236,010.11	175,602.58
营业利润	8941.18	9792.23
利润总额	8844.25	9888.79
净利润	6224.86	7257.58

浙江爱德于 2016 年在杭州市成立,是一家按照国家卫生部三级医院标准和《美国医疗机构评审国际联合委员会医院评审标准》进行设计建设,提供综合医疗服务的机构,其所处的行业为医疗服务行业。截至《重组预案》签署之日,杭州上枫、杭州忆上持有浙江爱德 100.00% 股权,自然人江某为实际控制人。其近两年的财务数据如表 11－3 所示。

表 11－3 浙江爱德简要财务数据 单位:万元

项目	2017 年 12 月 31 日	2016 年 12 月 31 日
总资产	35,679.27	6190.11
总负债	22,913.00	5716.56
股东权益	12,766.27	473.55

续表

项目	2017年	2016年
营业收入	42,694.09	7086.49
营业利润	10,005.64	633.40
利润总额	9797.02	632.40
净利润	7292.73	473.55

(三)重大资产重组方案精要

本次交易是上市公司贯彻实现战略发展目标的又一次重大举措,中珠医疗通过支付现金的方式分别购买康泽药业27名股东以及浙江爱德2名股东分别持有的康泽药业74.5262%的股份和浙江爱德100%的股份,将实现在医疗医药产业链的整体发展规划和统一战略部署,促进资源整合,实现产业协同效应,同时不断丰富自身盈利模式,提升上市公司的综合实力。

1.估值及交易作价

截至《重组预案》签署之日,标的资产涉及审计、评估、尽职调查等工作尚未完成。截至预估基准日2017年12月31日,康泽药业未经审计的合并口径归属于母公司所有者权益账面值为62,858.79万元,采用收益法预估,标的资产预估值为246,000万元,较账面净资产增值183,141.21万元,增值率为291.35%;浙江爱德未经审计的合并口径归属于母公司所有者权益账面值为12,766.27万元,采用收益法预估,标的资产预估值为117,000万元,较账面净资产增值104,233.73万元,增值率为816.48%。

本次交易标的康泽药业74.5262%股份的预估作价区间为183,334.35万元至201,220.63万元,浙江爱德100%股权的预估作价为121,610万元。

2.支付方式及资金来源

本次交易的支付方式为现金支付,不涉及发行股份购买资产,资金来源为上市公司自有及通过法律法规允许的方式筹集的资金。

3.业绩承诺安排

本次交易中康泽药业的业绩承诺方为康卡咨询、上海良济堂和南平良济堂以及自然人陈某黛、杜某某,上述业绩承诺方对康泽药业2018年、2019年、2020年、2021年和2022年合并报表口径下扣除非经常性损益归属于母公司股东的税后净利润进行承诺,承诺数额分别为13,500万元、17,000万元、20,500万元、24,000万元和26,000万元。

业绩承诺期间届满后4个月内,上市公司应聘请上市公司和业绩承诺方均认可的具有证券期货相关业务资格的会计师事务所、评估师事务所(如聘)依照中国证券监督管理委员会的规则及要求对康泽药业进行减值测试,并出具《减值测试报告》。如果康泽药业的期末减值额>业绩承诺期已补偿的现金总额,则业绩承诺方应就差额部分对上市公司另行补偿,补偿金额=期末减值额-业绩承诺期已补偿的现金总额。上述期末减值额为购买康泽药业74.5262%股份总对价减去《减值测算报告》对康泽药业74.5262%股份的评估值并扣除业绩承诺期间康泽药业股东增资、减资、接受赠予以及利润分配的影响数额。业绩承诺方内部就减值补偿义务互相承担连带责任。无论如何,业绩承诺方向上市公司支付的减值补偿和业绩承诺补偿不应超过上市公司购买康泽药业74.5262%股份的总对价。

二、案 例 分 析

(一)行权过程

2018年6月6日,投服中心参加了中珠医疗重大资产重组媒体说明会,并在现场向中珠医疗提出三个方面的问题:一是标的资产估值的公允性;二是交易定价的合理性;三是上市公司的支付能力。最终,中珠医疗于2018年6月15日终止了本次重大资产重组。

(二)行权内容分析

1.标的资产估值的公允性

一是"两票制"推行的影响。根据《重组预案》,与2016年相比,康泽药业经营业绩在2017年出现了下滑,其中净利润7257.58万元下降至6224.86万元,下降了14.23%;毛利率由14.11%下降至11.01%。上市公司应当说明2017年净利润和毛利率下降的原因及是否与"两票制"的推行有关,"两票制"对公司未来经营业绩会产生的影响及估值时是否考虑了这一因素。

二是估值假设的合理性。根据《重组预案》,对康泽药业估值时,2018年至2022年采用详细预测,同时业绩承诺方承诺康泽药业2018年至2022年每年扣除非经常性损益后归属于母公司股东的净利润分别为1.35亿元、1.7亿元、2.05亿元、2.4亿元和2.6亿元。《重组预案》中并未披露上述承诺净利润是否与预测净利润一致。如果一致,在2017年净利润下降的情况下,预测2018年至2022年净利润持续高速增长是否合理;如果不一致,上市公司应当说明承诺净利润是根据什么确定的,如何保障实现如此高的承诺净利润。

2. 交易定价的合理性

一是交易定价高于估值。康泽药业74.5262%股权的预估值约为18.33亿元,预估作价区间为18.33亿元至20.12亿元,预估作价较预估值上浮0~9.76%,上市公司应当说明预估作价高于预估值的原因是什么,最终交易时,康泽药业作价较估值上浮的比例如何确定。

二是康泽药业差异化定价。《重组预案》披露,康泽药业的交易采用差异化定价方式,其中康泽药业实际控制人陈某黛的康卡咨询、上海良济堂和南平良济堂合计持有康泽药业约63.81%股份,转让对价平均为9.80元/股至10.87元/股;广发证券等24名股东合计持有约10.72%股权,转让对价平均为6.86元/股,前者较后者的转让价格高42.86%~58.45%。

经查询万得资讯,康泽药业截至2017年6月30日共421户股东,按此计算,尚有约400名中小股东未参与本次交易。对此,康泽药业发布了《关于中小股东及异议股东保护措施的公告》,公司实际控制人陈某黛或其指定第三方以6.86元/股的价格收购异议股东股份。陈某黛以低于其股权转让的价格收购小股东的股份,可能会导致与小股东之间的纠纷,目前收购异议股东股份的进展如何,后续上市公司对康泽药业尚余的25.47%的股权又作何安排,剩余小股东是否会影响上市公司对康泽药业的整合。

3. 上市公司的支付能力

本次重组交易中,中珠医疗全部以现金进行支付,购买康泽药业需支付18.33亿元至20.12亿元现金,中珠医疗将通过自有及法律允许的方式筹集资金。经查询中珠医疗2018年第一季度报告,截至2018年3月31日,中珠医疗母公司货币资金共4.4亿元,与购买资产所需资金相差甚远。上市公司应当说明,中珠医疗本次收购资金的具体来源为何,在目前并购贷款利率较高的情况下,债务融资会给上市公司带来高额财务费用,中珠医疗计划债务融资的金额是多少,预计每年产生多少财务费用。如果本次收购中,因依靠债务融资产生的每年财务费用高于标的资产每年为上市公司带来的净利润,是否将对上市公司的净利润产生不利影响。

案例12　瀚叶股份发行股份及支付现金购买量子云

2018年4月26日，浙江瀚叶股份有限公司（以下简称瀚叶股份，股票代码为600226）公告了《发行股份及支付现金购买资产并募集配套资金暨关联交易预案》（以下简称《重组预案》），拟以发行股份及支付现金的方式购买深圳量子云科技有限公司（以下简称量子云）100%的股权。

一、案例简介

（一）上市公司基本情况

瀚叶股份的前身浙江德清拜克生物有限公司于1993年注册设立，1999年整体变更设立股份有限公司，并于1999年11月12日起在上海证券交易所上市交易。发布《重组预案》时，瀚叶股份股价为4.56元/股，总股本313,864万股，总市值143.12亿元。公司控股股东及实际控制人为沈某今，其直接持有上市公司股份比例为31.16%。

瀚叶股份主营业务是网络游戏研发、代理发行、IP与源代码合作业务、影视剧制作、综艺节目制作、艺术教育培训及生物农药、兽药、饲料添加剂产品的生产与销售，其近3年经审计的主要财务数据（合并口径）及财务指标如表12-1所示。

表12-1　瀚叶股份基本财务指标　　单位:万元

项目	2017年12月31日	2016年12月31日	2015年12月31日
资产总额	545,399.87	337,119.00	223,587.81
负债总额	124,982.15	166,279.91	81,658.46
所有者权益	420,417.72	170,839.09	141,929.35
归属于母公司所有者权益	420,450.50	170,056.85	140,912.64
资产负债率	22.92%	49.32%	36.52%
项目	2017年	2016年	2015年
营业收入	131,742.94	100,549.13	101,010.24
利润总额	28,551.09	23,533.58	13,466.95
净利润	26,560.61	23,326.59	13,455.11
归属于母公司所有者的净利润	26,122.28	23,561.06	13,988.45
毛利率	23.78%	12.36%	14.06%
基本每股收益(元/股)	0.12	0.15	0.09
稀释每股收益(元/股)	0.12	0.15	0.09
经营活动产生的现金流量净额	8229.40	-5528.91	6918.84

(二)标的公司基本情况

本次重组交易中,购买的标的公司为量子云,交易对方为宁波梅山保税港区浆果晨曦新媒体投资中心(有限合伙)(以下简称浆果晨曦)、纪某宁、杭州绩优投资管理有限公司(以下简称绩优投资)、杭州绩优悦泉创业投资合伙企业(有限合伙)(以下简称绩优悦泉)、杭州众晖铭行创业投资合伙企业(有限合伙)(以下简称众晖铭行)、杭州滨潮创业投资合伙企业(有限合伙)(以下简称滨潮创投)、张某,7名交易对方共持有量子云100%的股权。

量子云于2014年2月在深圳设立,由自然人李某和陈某以货币方式认缴注册资本500万元,经过9次股权转让后,股东变更为上述7名,其中持股5%以上的股东包括浆果晨曦(75.50%)和纪某宁(19.50%),具体股东持股比例如图12-1所示。

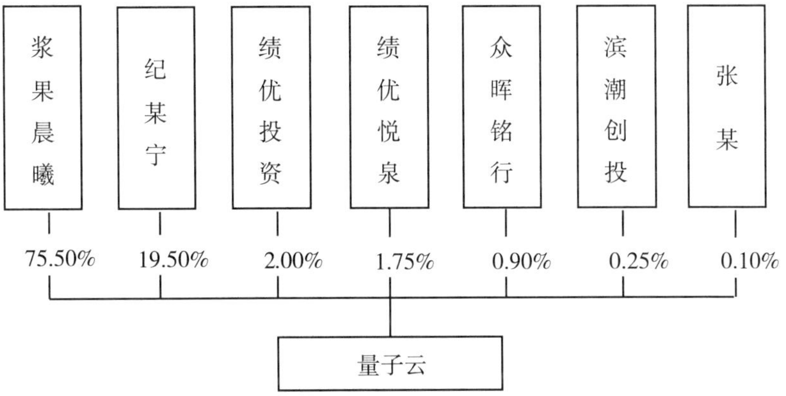

图 12－1　量子云股权结构

量子云是一家依托“微信生态圈”，专注于移动互联网流量聚集、运营及变现的新媒体公司，主营业务为移动互联网推广业务和腾讯社交广告业务，属于移动互联网广告行业。量子云依托微信社交平台，通过打造多领域微信公众号组成的自媒体矩阵，为用户提供在线音乐相册制作及各类资讯等服务，从而形成移动互联网流量入口。量子云近 2 年未经审计的合并财务数据如表 12－2 所示。

表 12－2　量子云基本财务数据　　单位：元

项目	2017 年 12 月 31 日	2016 年 12 月 31 日
流动资产合计	141，424，856.02	58，775，821.01
非流动资产合计	80，772，759.71	656，018.85
资产合计	222，197，615.73	59，431，839.86
流动负债合计	92，014，449.17	35，340，447.17
非流动负债合计	—	—
负债合计	92，014，449.17	35，340，447.17
所有者权益合计	130，183，166.56	24，091，392.69
项目	2017 年	2016 年
营业收入	234，861，802.88	131，854，399.33
营业成本	24，368，680.62	14，095，551.42
利润总额	175，403，846.08	100，401，132.56
净利润	153，291，779.87	87，132，078.47

（三）重大资产重组方案精要

瀚叶股份拟向浆果晨曦、纪某宁、绩优投资、绩优悦泉、众晖铭行、滨潮创投和张某发行股份及支付现金购买其合计持有的量子云100%的股权。同时，拟以非公开发行方式向符合中国证券监督管理委员会规定的不超过10名特定投资者发行股票募集总额不超过100,000万元的配套资金。本次交易完成后，瀚叶股份将持有量子云100%的股权，量子云将成为瀚叶股份的全资子公司，瀚叶股份将增加移动互联网推广业务及腾讯社交广告业务。

1. 估值及交易价格

经初步评估，截至评估基准日2017年12月31日，量子云100%股权的预估值为380,000万元。经交易各方初步协商，量子云100%股权暂作价为380,000万元，其中现金支付对价95,000万元，股份支付对价285,000万元。

本次交易中，结合承担业绩承诺补偿义务和对价支付方式等因素，交易对方协商确定本次交易采取差别化定价：不参与业绩承诺的交易对方绩优投资、绩优悦泉、滨潮创投合计持有量子云4%股权，获得交易对价初步确定为10,640万元，对应量子云100%股权的估值为266,000万元，低于量子云100%股权的预估值；参与业绩承诺的交易对方浆果晨曦、纪某宁、众晖铭行和张某合计持有量子云96%股权，获得交易对价初步确定为369,360万元，对应量子云100%股权的估值为384,750万元，高于量子云100%股权的预估值。

2. 发行股份购买资产的发行价格

本次发行股份购买资产的发行价格为4.62元/股，不低于上市公司第七届董事会第十四次会议决议公告日(定价基准日)前120个交易日股票交易均价的90%。根据量子云100%股权暂作价及发行股份购买资产的发行价格，瀚叶股份向浆果晨曦、纪某宁、众晖铭行和张某发行股份的数量为616,883,115股。

3. 发行股份募集配套资金

本次交易中，上市公司拟以非公开发行方式募集配套资金总额不超过100,000万元，不超过拟购买资产交易价格(不包括交易对方在本次交易停牌前6个月内及停牌期间以现金增资入股标的资产部分对应的交易价格)的100%，且发行股份数量不超过本次发行前瀚叶股份总股本的20%。瀚叶股份向特定投资者非公开发行股票募集配套资金的定价原则为询价发行，定价基准日为本次非公开发行股票募集配套资金发行期的首日。本次募集配套资金的股份发行价格不低于定价基准日前20个交易日上市公司股票交易均价的90%。本次募集配套资金拟用于支付本次交易现金对价和本次交易相关费用。

4. 业绩承诺与补偿安排

浆果晨曦、纪某宁、众晖铭行和张某确认将对量子云未来利润承诺期的净利润作出承诺和补偿安排；同时，纪某宁、浆果晨曦及其普通合伙人喻某承诺对浆果晨曦、纪某宁所作利润承诺承担连带责任。业绩补偿应先以股份补偿，不足部分以现金补偿。业绩承诺方所承诺的利润补偿期间为2018年、2019年、2020年、2021年。

5. 股票发行价格调整

可调价期间内，出现下述情形的，上市公司董事会有权在公司股东大会审议通过本次交易后召开会议审议是否对发行价格进行一次调整：上证指数(000001. SH)在任一交易日前连续30个交易日中至少20个交易日相比于上市公司因本次交易首次停牌日，即2017年11月28日前一交易日收盘点数(3322.23点)跌幅超过20%。当上述情形出现时，瀚叶股份有权在调价基准日出现后的7个工作日内召开董事会会议，审议决定是否按价格调整方案对本次发行股份购买资产的发行价格进行调整。若瀚叶股份董事会决定对发行价格进行调整的，则本次交易的发行价格调整为不低于调价基准日前120个交易日(不包括调价基准日当日)公司股票交易均价的90%。

6. 重组后股权结构

本次交易前，瀚叶股份公司总股本为3,138,640,149股，根据量子云100%股权暂作价及发行股份购买资产的发行价格，上市公司向交易对方发行股份的数量为616,883,115股。由于本次交易募集配套资金采用询价方式进行定价，最终发行价格尚未确定，因此，在不考虑募集配套资金情况下，本次交易前后，上市公司的股本结构变化如表12-3所示。

表12-3　上市公司的股本结构变化

股东名称	本次交易前		新增发行股份数量(股)	本次交易后	
	持股数量(股)	持股比例		持股数量(股)	持股比例
沈某今	978,034,827	31.16%	—	978,034,827	26.04%
鲁某	448,000,000	14.27%	—	448,000,000	11.93%

续表

股东名称	本次交易前		新增发行股份数量(股)	本次交易后	
	持股数量(股)	持股比例		持股数量(股)	持股比例
升华集团	167,076,000	5.32%	—	167,076,000	4.45%
丰华投资	30,045,522	0.96%	—	30,045,522	0.80%
李某	18,666,666	0.59%	—	18,666,666	0.50%
浆果晨曦	—	—	485,152,867	485,152,867	12.92%
纪某宁	—	—	125,304,383	125,304,383	3.34%
绩优投资	—	—	—	—	—
绩优悦泉	—	—	—	—	—
众晖铭行	—	—	5,783,279	5,783,279	0.15%
滨潮创投	—	—	—	—	—
张某	72,800	0.002%	642,586	715,386	0.02%
其他股东	1,496,744,334	47.69%	—	1,496,744,334	39.85%
合计	3,138,640,149	100.00%	616,883,115	3,755,523,264	100.00%

注:升华集团控股有限公司简称升华集团,德清丰华投资有限公司简称丰华投资。

二、案例分析

(一)行权过程

2018年6月8日,投服中心参加了瀚叶股份重大资产重组媒体说明会。说明会现场,投服中心提出了标的资产估值的公允性、业绩承诺的合理性、标的公司经营的可持续性以及发行价格调整方案的合理性四个方面的问题。最终,瀚叶股份于2018年10月30日公告终止了此次重组。

(二)行权内容分析

1. 标的资产估值的公允性

本次交易的标的资产是量子云100%股权,以2017年12月31日为评估基准日,采用收益法评估,标的资产的预估值为38亿元,较其未经审计的账面净资产1.3亿元增值28.19倍,预估值存在较大增幅。对于标的资产的估值的合理性存在以下三点疑问。

一是量子云短期内估值存在较大差异。根据《重组预案》,量子云自2014年成立至今,共经历9次股权转让,仅2017年,量子云的整体估值就从6亿元增长到20亿元。2018年4月最后一次股权转让,量子云创始人李某以整体20亿元的估值退出,公司于同月公告本次交易预案,对量子云整体估值38亿元。自2017年至今,量子云短期内估值大幅增长的合理性存疑。

二是评估方法的选择。量子云自2017年以来的多次股权转让均以市场法进行估值,估值标准为互联网公司10～15倍市盈率,而本次交易主要采用收益法和市场法进行预估,并最终采用未来收益法对标的公司进行整体评估,由于标的公司涉及的评估工作尚未完成,《重组预案》中并未披露市场法评估的结果,无法判断市场法与收益法评估的差异,对最终选择收益法评估定价原因存疑。

三是估值公允性分析不充分。量子云在报告期2016年及2017年实现的未经审计的净利润分别为8713.21万元和1.53亿元,但根据预估,量子云2018年至2022年的预测净利润合计约为24.58亿元,与量子云在近2年报告期内实现的净利润相比增幅较大。另外,《重组预案》中以量子云2018年的预测净利润2.66亿元为基础进行对比测算,本次交易对应的动态市盈率为14.3倍。但以量子云2017年全年实现净利润为基础,对应市盈率为24.79倍。对标的资产估值的公允性,以及是否存在虚增预测利润,进而损害上市公司和股东合法权益的情形仍存疑问。

2. 业绩承诺的合理性

《重组预案》披露,浆果晨曦、纪某宁、众晖铭行和张某承诺,2018～2021年,量子云经审计的扣除非经常性损益后归属于母公司股东的净利润不低于承诺净利润数,该承诺净利润将根据《资产评估报告》中的预测净利润确定。对此仍存在以下两个方面的问题。

一是业绩承诺的可实现性。根据预估,量子云2018～2021年的预测净利润分别为2.66亿元、4.13亿元、5.19亿元和6.01亿元,合计17.98亿元,量子云在报告期2016年及2017年实现的未经审计的净利润分别为8713.21万元和1.53亿元。量子云承诺期的平均预测净利润是近2年实现的平均净利润的3.74倍,若想实现业绩承诺则意味着要在未来4年实现40.7%的年均复合增长率,标的资产能否保持高增长以实现业绩承诺尚存疑问。

二是存在商誉减值的风险。根据会计准则的规定,应当将交易对价与标的公司可辨认净资产公允价值的差额确认为商誉。由于量子云属于轻资产行业且量子云 100% 股权的预估值较账面净资产增值幅度较大,本次交易预计将形成巨额商誉,若业绩承诺无法实现,可能导致上市公司计提大额商誉减值冲减利润,进而损害中小投资者的利益。

3. 标的公司经营的可持续性

《重组预案》披露,量子云依托微信社交平台,通过打造多领域微信公众号组成的自媒体矩阵,为用户提供在线音乐相册制作及各类资讯等服务,从而形成移动互联网流量入口。其主营业务为移动互联网推广业务和腾讯社交广告业务。截至《重组预案》签署日,量子云运营的微信公众号共 981 个,不考虑去重的粉丝数量合计超过 2.4 亿名。但截至 2017 年年末,量子云及其子公司在职人数为 115 名,其中编辑部仅 50 人。具体看来,《重组预案》披露的粉丝数超过 100 万名的 86 个公众号中有超过 60 个为相册类公众号,经部分试用发现,上述公众号发布内容趋同,相关相册制作程序技术壁垒较低且模板基本一样,文章内容同质化严重且原创内容含金量较低。根据公众号上显示的数据,除粉丝数最多的"卡娃微卡"有 1326 篇原创文章外,排名第二的"天天炫拍"至本周仅有 11 篇原创文章,排名第三的动态相册则只有 5 篇,按每个公众号每天推送约 8 篇文章的基数来看,原创性严重不足。在我国知识产权保护升级,公民版权意识提升的大背景下,原创性的欠缺可能带来粉丝流失和点击量下降的风险,进而对微信公众号的运营以及广告业务的发展产生不利影响。

4. 发行价格调整方案是否合理

《重组预案》中对本次交易发行股份的价格设置了价格调整方案,具体内容如下:在可调价期间内,上证指数(000001. SH)在任一交易日前连续 30 个交易日中至少 20 个交易日相比于上市公司因本次交易首次停牌日,即 2017 年 11 月 28 日前一交易日收盘点数跌幅超过 20%,则上市公司董事会有权在公司股东大会审议通过本次交易后召开会议审议是否将发行价格调整为不低于调价基准日前 120 个交易日(不包括调价基准日当日)公司股票交易均价的 90%。此调价机制只规定了发行价格向下调整的触发条件,而没有价格向上调整的相关规定,相当于发行价格只调低不调高,在这种调价机制下,只可能导致发行股份数量的增多,容易对现有股东,特别是中小股东股权造成稀释。

案例13　云南能投发行股份购买资产

2018年5月云南能源投资股份有限公司（以下简称云南能投，股票代码为002053）公告了《发行股份购买资产暨关联交易报告书（草案）》（以下简称《重组草案》），拟以发行股份的方式购买云南能投新能源投资开发有限公司（以下简称新能源公司）持有的马龙云能投新能源开发有限公司（以下简称马龙公司）100%股权、大姚云能投新能源开发有限公司（以下简称大姚公司）100%股权、会泽云能投新能源开发有限公司（以下简称会泽公司）100%股权以及泸西县云能投风电开发有限公司（以下简称泸西公司）70%股权。

一、案例简介

（一）上市公司基本情况

云南能投成立于2002年7月25日，于2006年6月27日在深圳证券交易所上市交易。重组草案发布时，云南能投股价为10.08元，总股本为558,329,336股，总市值约56.28亿元，云南省能源投资集团有限公司（以下简称能投集团）持有公司240,735,345股，占公司股份比例为43.12%，为云南能投控股股东，云南省国资委为能投集团的实际控制人。

云南能投原主营业务包括食盐、工业盐、日化盐、芒硝等系列产品的生产销售以及天然气管网建设、天然气销售、入户安装服务等。其主要财务状况和经营成果如表13－1所示。

表13-1　云南能投基本财务指标　　单位:万元

项目	2017年12月31日	2016年12月31日	2015年12月31日
总资产	372,629.04	327,119.08	404,387.31
总负债	124,020.84	91,120.09	206,095.37
净资产	248,608.20	235,998.98	198,291.94
项目	2017年	2016年	2015年
营业总收入	144,694.74	145,501.87	166,553.42
利润总额	19,952.49	32,030.30	10,633.94
净利润	15,995.27	26,036.56	11,319.34

(二)标的公司基本情况

本次重组交易中,标的公司为马龙公司、大姚公司、会泽公司以及泸西公司。标的公司是上市公司控股股东控制的4家风力发电运营企业,主营业务均为陆上风力发电的项目开发、建设及运营,主要产品为电力。

马龙公司于2013年6月3日在云南成立,主要财务指标如表13-2所示。

表13-2　马龙公司主要财务数据　　单位:万元

项目	2017年12月31日	2016年12月31日	2015年12月31日
总资产	83,338.77	82,426.23	83,984.49
总负债	58,356.10	61,859.05	66,119.48
所有者权益	24,982.68	20,567.18	17,865.01
项目	2017年	2016年	2015年
营业收入	8147.03	9647.61	2849.77
营业利润	1250.96	2734.02	972.87
利润总额	1215.49	2702.17	967.87
净利润	1215.49	2702.17	967.87

大姚公司于2013年6月4日在云南成立,主要财务指标如表13-3所示。

表 13-3 大姚公司主要财务数据 单位：万元

项目	2017 年 12 月 31 日	2016 年 12 月 31 日	2015 年 12 月 31 日
总资产	91,065.95	85,186.44	65,946.68
总负债	49,261.87	51,507.45	31,969.05
所有者权益	41,804.08	33,678.99	33,977.63
项目	2017 年	2016 年	2015 年
营业收入	7813.66	1377.21	—
营业利润	1391.69	-309.04	-322.37
利润总额	1381.68	-298.64	-322.37
净利润	1381.68	-298.64	-322.37

会泽公司于 2012 年 4 月 28 日在云南成立，主要财务指标如表 13-4 所示。

表 13-4 会泽公司主要财务数据 单位：万元

项目	2017 年 12 月 31 日	2016 年 12 月 31 日	2015 年 12 月 31 日
总资产	97,616.05	101,934.84	99,978.45
总负债	61,088.98	75,379.36	73,882.65
所有者权益	36,527.07	26,555.48	26,095.80
项目	2017 年	2016 年	2015 年
营业收入	11,432.46	12,387.44	7393.79
营业利润	3380.56	4599.36	2401.40
利润总额	3537.80	4596.82	2386.95
净利润	3320.80	4596.82	2386.95

泸西公司于 2011 年 8 月 18 日在云南成立，主要财务指标如表 13-5 所示。

表 13-5 泸西公司主要财务数据 单位：万元

项目	2017 年 12 月 31 日	2016 年 12 月 31 日	2015 年 12 月 31 日
总资产	78,480.56	79,647.84	84,654.37
总负债	56,954.46	60,344.40	65,700.67
所有者权益	21,526.09	19,303.45	18,953.70

续表

项目	2017年	2016年	2015年
营业收入	9218.35	10,845.80	11,674.47
营业利润	2206.35	3503.84	3838.50
利润总额	2311.00	3497.44	3820.50
净利润	2222.65	3497.44	3820.50

(三)重大资产重组方案精要

云南能投拟以发行股份的方式购买新能源公司持有的马龙公司100%股权、大姚公司100%股权、会泽公司100%股权以及泸西公司70%股权,交易价格共计140,019.11万元。本次交易前,上市公司的主营业务为盐系列产品的生产销售业务与天然气管网建设、天然气销售与运营业务。通过本次交易,上市公司将快速进入风电运营领域。

1. 估值及交易价格

以2017年12月31日为评估基准日,采用收益法进行评估,马龙公司100%股权、大姚公司100%股权、会泽公司100%股权、泸西公司70%股权的评估值分别为27,109.65万元、43,630.40万元、49,107.89万元和20,171.17万元,合计为140,019.11万元。

2. 发行股份购买资产的发行价格

云南能投拟通过发行股份方式收购标的资产,发行股份价格为董事会2018年第四次临时会议决议公告日前20个交易日上市公司股票交易均价的90%,即9.20元/股,发行的股份数量为152,194,684股。

3. 业绩承诺与补偿协议

交易对方新能源公司承诺,标的资产2018年、2019年、2020年实现的净利润(扣除非经常性损益)分别不低于10,291.68万元、12,397.89万元和13,044.06万元。若标的资产在自2018年起业绩承诺期内某一会计年度截至当期期末累积实现净利润低于截至当期期末累积承诺净利润的,则就利润差额部分新能源公司应优先以本次交易所取得的上市公司股份向上市公司进行补偿,若股份不足补偿的,应以现金进行补偿。补偿上限为新能源公司对标的资产的业绩承诺补偿以及资产减值补偿的总金额不超过本次交易中标的资产的交易对价。

4. 交易完成后云南能投股权结构

截至 2018 年 3 月 31 日，公司的总股本为 558, 329, 336 股，按照本次交易方案及标的资产作价，公司本次将新增发行 152, 194, 684 股，本次发行后公司总股本将增至 710, 524, 020 股。本次交易完成后，上市公司控股股东未发生变化，控股股东能投集团及其一致行动人新能源公司合计持有的上市公司股权比例由 43. 12% 增至 55. 30% 。

二、案 例 分 析

（一）行权过程

2018 年 6 月 8 日，投服中心参加云南能投重大资产重组媒体说明会，现场向云南能投提出两方面问题：一是重组标的持续经营能力；二是关于重组完成后经营问题。最终，云南能投于 2019 年 3 月 1 日完成本次重组。

（二）行权内容分析

1. 重组标的持续经营能力

本次交易标的资产包括新能源公司持有的马龙公司 100% 股权、大姚公司 100% 股权、会泽公司 100% 股权、泸西公司 70% 股权。新能源公司承诺，标的资产 2018 年、2019 年、2020 年实现的净利润（扣除非经常性损益）分别不低于 10, 291. 68 万元、12, 397. 89 万元和 13, 044. 06 万元，2018 年、2019 年增长较快。

本次交易中，作为标的资产的 4 家公司均为风力发电运营类公司。《重组草案》中称，风力发电是新能源产业，在未来相当长时间内都将会获得国家政策大力支持；同时，风力发电一次性投资较大，有投入运行后的运营成本较低等优势，可为投资者带来长期、稳定的运营收入。但是风力发电行业存在受政策调整和自然气候的影响较大的特点，可能影响标的资产的持续盈利能力。

在政策调整方面，由于国家、云南省相关职能部门修改法律、法规、政策，“弃风限电”的情况仍然存在发生的可能性，标的公司的经营环境因此可能会面临一定的政策风险。同时，售电单价受市场交易电价及再生能源补贴两方面影响，可再生能源发电分区域核定电价的方法一直延续至今，但价格经历了多次变动，补贴逐年减少，对标的公司未来经营收益可能会产生影响。

在自然气候方面,标的公司的电场地处中国西部,大多处于高海拔地区,风资源较其他地区存在优势,但是由于风力资源本身属于自然资源,每个年度的情况都存在较大的差异和波动,比如,马龙公司的对门梁子风场2017年风资源处于历史较低水平,当年发电量就有减少。这种情况未来也可能影响标的公司的盈利能力。

2. 关于重组完成后经营问题

《重组草案》披露,本次重组存在后续业务整合风险及主营业务多元化经营风险。本次交易前,上市公司的主营业务为盐系列产品的生产销售业务与天然气管网建设、天然气销售与运营业务,利润主要来源于盐产品业务;本次交易完成后,上市公司将新增风力发电运营业务,实现"盐+清洁能源"的双业务发展平台。

上市公司和标的公司在公司治理结构、人员储备、经营管控、客户资源、运营经验技术以及业务制度管理等方面存在较大差异,尚需进行一定的整合工作。上市公司原有业务与四家标的公司从事的风力发电项目的开发、建设及运营业务在细分业务领域、生产制造技术、组织模式、内部治理、企业文化等方面存在一定的差异,需要建立合理的管理制度,实现有效的产业整合。

根据《重组草案》,目前上市公司天然气业务总体仍处于项目建设期,尚未对上市公司经营业绩产生有力支撑;盐改方案推出对食盐市场竞争加剧的影响,未来上市公司业绩仍将面临一定不确定性。

案例 14　万邦德发行股份购买万邦德制药

2018 年 6 月 15 日，万邦德新材股份有限公司（以下简称万邦德，股票代码为 002082）公告了《发行股份购买资产暨关联交易预案》（以下简称《重组预案》），拟通过发行股份的方式，购买万邦德制药集团股份有限公司（以下简称万邦德制药）100% 股份。

一、案例简介

（一）上市公司基本情况

万邦德成立于 1999 年，于 2016 年 11 月 20 日在深圳证券交易所中小企业板上市交易。发布《重组预案》时，万邦德股价为 13.97 元/股，总股本为 238,000,000 股，总市值 33.25 亿元，其控股股东为万邦德集团有限公司（以下简称万邦德集团），实际控制人为赵某某、庄某。

万邦德的主营业务为铝合金型材和铝板材的研发、生产和销售。其最近 3 年的财务状况和经营成果如表 14－1 所示。

表 14－1　万邦德基本财务指标　　单位：万元

项目	2017 年 12 月 31 日	2016 年 12 月 31 日	2015 年 12 月 31 日
总资产	210,006.01	165,842.32	161,727.08
总负债	49,658.45	26,184.91	27,028.15
股东权益	160,347.55	139,657.42	134,698.92

续表

项目	2017年	2016年	2015年
营业收入	1,463,545.82	918,346.63	1,157,219.78
营业利润	11,691.06	7521.46	8082.95
利润总额	11,829.92	8138.57	8295.49
净利润	9821.34	6973.56	6302.46

(二)标的公司基本情况

本次重组的标的公司为万邦德制药,交易对方为万邦德集团、嘉兴嘉昊九鼎投资中心(以下简称九鼎投资)、温岭惠邦投资咨询有限公司(以下简称惠邦投资)、江苏中茂节能环保产业创业投资基金合伙企业(以下简称江苏中茂)、温岭富邦投资咨询有限公司(以下简称富邦投资)、青岛同印信投资有限公司(以下简称青岛同印信)、南京金茂中医药产业创业投资合伙企业(以下简称南京金茂)、太仓金茂生物医药创业投资企业(以下简称太仓金茂)、上海沁朴股权投资基金合伙企业(以下简称上海沁朴)、台州禧利股权投资合伙企业(以下简称台州禧利)、台州国禹君安股权投资合伙企业(以下简称台州国禹君安)、扬州经信新兴产业创业投资中心(以下简称扬州经信)、无锡金茂二号新兴产业创业投资企业(以下简称无锡金茂)、台州创新股权投资合伙企业(以下简称台州创新)、赵某某、庄某、周某某、杜某某、夏某某、童某某、张某某、沈某某、王某华、许某某、王某萍、朱某某、陈某某,27个交易对方共持有万邦德制药100%股权。

万邦德制药前身万邦有限系由浙江万邦实业股份有限公司、自然人庄某共同以货币方式出资设立,主营业务为现代中药、化学原料药及化学制剂的研发、生产和销售,拥有完善的药品研发、生产和销售体系,具有从中药提取、原料药合成到各类剂型制剂生产的完整产业链,尤其在心脑血管和神经系统重大疾病领域的天然植物药研究与应用方面特色鲜明、优势明显。其近三年及一期的财务状况和经营成果如表14-2所示。

表 14-2 万邦德制药业务主要财务数据 单位:万元

项目	2018 年 4 月 30 日	2017 年 12 月 31 日	2016 年 12 月 31 日	2015 年 12 月 31 日
总资产	96,874.56	96,097.08	103,856.74	83,985.29
总负债	39,401.65	42,555.44	56,512.52	40,857.28
股东权益	57,472.92	53,541.64	47,344.22	43,128.01
项目	2018 年 1~4 月	2017 年	2016 年	2015 年
营业收入	18,175.43	56,422.73	69,873.88	41,905.75
营业利润	5750.34	7687.28	12,388.30	5543.39
利润总额	4856.88	7615.32	14,179.15	4117.88
净利润	3963.78	6197.42	12,316.22	3153.05

(三)重大资产重组方案精要

万邦德拟通过发行股份购买万邦德制药 100% 股份。本次交易价格将参照评估机构出具的《评估报告》所列载的万邦德制药 100% 股份于评估基准日的评估价值经各方协商后确定。交易完成后,万邦德制药将成为上市公司的全资子公司,通过本次交易,上市公司注入拥有一定竞争优势、具有盈利能力的现代中药、化学原料药及化学制剂的研发、生产和销售业务,为公司股东创造新的可持续盈利的增长点,并以此为契机,进一步完成对"医疗健康领域"的产业战略布局,与已有医疗器械业务相互促进,并由此形成铝加工业务、医疗器械业务、医药制造业务多元并进发展的格局,从而推动上市公司未来持续盈利能力和抗风险能力。

1. 估值及交易作价

本次重大资产重组预案阶段,评估机构采用市场法和收益法两种方法对标的公司 100% 股权进行预估,并最终采用收益法预估结果作为预评估值。以 2018 年 4 月 30 日为评估基准日,其账面净值为 57,472.92 万元,预估值为 339,517.48 万元,增值额 287,889.38 万元,预估增值率为 490.74%。根据预评估情况,并经交易各方协商,初步确定本次交易万邦德制药 100% 股份的交易价格 339,800.00 万元。

2. 本次交易股票发行价格

本次发行股份购买资产的定价基准日为公司审议本次交易的首次董事会决议公告日,即 2018 年 6 月 15 日。根据《上市公司重大资产重组管理办法》等有关规定,上市公司发行股份的价格不得低于市场参考价的 90%。市场参考价为审议本次发行股份购买资产的董事会决议公告日前20个交易日、60个交易日或者120个交易日的上市公司股票交易均价之一。经交易各方协商,确定本次发行股份购买资产的股票发行价格为12.55元/股,不低于定价基准日前20个交易日公司股票交易均价的90%。自定价基准日至本次交易项下股份发行日期间,公司如有送红股、转增股本等除权事项,各方将按照深圳证券交易所的相关规则对发行价格进行相应调整。

3. 业绩承诺与补偿

根据交易各方签署的《盈利预测补偿协议》,补偿义务人的业绩承诺期间为2018年、2019年和2020年。业绩承诺人承诺,万邦德制药2018年至2020年的净利润分别将不低于人民币18,500万元、24,975万元和32,467.5万元。

业绩承诺方内部按照如下方式确定补偿责任:首先由万邦德集团、赵某某、庄某以其在本次发行股份购买资产中获得的上市公司股份进行补偿;若不足的,由富邦投资、惠邦投资以其在本次发行股份购买资产中获得的上市公司股份进行补偿。如上述各方依次进行补偿后仍然不足以补偿的,由万邦德集团以从二级市场购买或其他合法方式取得的上市公司股份进行补偿。当股份补偿的总数达到本次发行股份购买资产发行的股份总数的90%后,不足部分由万邦德集团继续以现金进行补偿。

4. 重组交易后股权结构

截至《重组预案》签署日,上市公司股本总额为238,000,000股,按照本次初步交易方案,预计公司本次将发行270,756,958股股份用于购买标的资产;本次交易前后,上市公司股本结构变化如表14-3所示。

表14-3 本次重组前后上市公司股权结构

单位:股

股东名称	本次交易前		本次交易后	
	数量	比例	数量	比例
万邦德集团	44,943,360	18.88%	151,418,745	29.76%
赵某某	—	—	30,368,874	5.97%
庄某	—	—	20,245,915	3.98%
惠邦投资	—	—	15,983,617	3.14%
富邦投资	—	—	10,655,744	2.09%
九鼎投资	—	—	23,049,685	4.53%

续表

股东名称	本次交易前		本次交易后	
	数量	比例	数量	比例
江苏中茂	—	—	9,865,265	1.94%
南京金茂	—	—	6,914,905	1.36%
太仓金茂	—	—	3,457,452	0.68%
上海沁朴	—	—	3,319,154	0.65%
扬州经信	—	—	2,304,968	0.45%
无锡金茂	—	—	2,304,968	0.45%
杜某某	—	—	2,304,968	0.45%
夏某某	—	—	2,304,968	0.45%
童某某	—	—	2,304,968	0.45%
张某某	—	—	2,304,968	0.45%
许某某	—	—	1,152,484	0.23%
王某萍	—	—	1,152,484	0.23%
朱某某	—	—	553,192	0.11%
陈某某	—	—	553,192	0.11%
青岛同印信	—	—	8,122,709	1.60%
台州禧利	—	—	3,140,780	0.62%
台州国禹君安	—	—	3,008,410	0.59%
台州创新	—	—	2,003,601	0.39%
周某某	—	—	3,158,831	0.62%
沈某某	—	—	2,256,308	0.44%
王某华	—	—	1,489,163	0.29%
其他A股股东	193,056,640	81.12%	193,056,640	37.95%
总股本	238,000,000	100%	508,756,958	100%

二、案例分析

（一）行权过程

2018年6月28日，投服中心参加万邦德重大资产重组媒体说明会，现场提出两个方面的问题:一是标的资产估值的公允性;二是标的公司经营业绩的可持续性。

(二)行权内容分析

1. 标的资产估值的公允性

本次重组的交易标的资产为万邦德制药 100% 的股权,以 2018 年 4 月 30 日为评估基准日,标的资产账面净值约为 5.75 亿元,收益法评估的预估值为 33.95 亿元,预估增值率为 490.74%,增值较高。对于标的资产估值的公允性存在以下三点疑问。

一是预测净利润的可实现性。此次采用收益法对标的资产进行估值,估值是否合理的关键在于万邦德制药能否实现预测的净利润。根据上市公司与万邦德集团等 5 名交易对方(以下简称业绩承诺方)签订的《盈利预测补偿协议》,业绩承诺方承诺万邦德制药在利润承诺期内实现的净利润不低于同期的预测净利润数,可知预测净利润数即为承诺净利润数,即 2018 年、2019 年、2020 年扣除非经常损益后归属于母公司所有者的净利润分别为 1.85 亿元、2.50 亿元、3.25 亿元。

但是,万邦德制药报告期实现的净利润与上述预测净利润相差甚远。2015 年、2016 年、2017 年万邦德制药扣除非经常性损益后归属于母公司所有者的净利润分别为 0.44 亿元、1.12 亿元、0.59 亿元,年均约为 0.72 亿元。预测期 2018 年至 2020 年年均实现净利润约为 2.53 亿元,是报告期年均净利润的 3.5 倍多,预测 2018 年至 2020 年业绩爆发的逻辑是什么,是否具有事实基础支撑,如此高的预测净利润是否具有可实现性。站在投资者的角度考虑,能否在万邦德制药 2018 年净利润实现大幅增长后,上市公司再购买这一资产。

二是静态市盈率高于同行业水平。以万邦德制药 2017 年实现的扣除非经常损益后归属于母公司所有者的净利润(0.59 亿元)为基础,万邦德制药 33.95 亿元的估值对应的 2017 年静态市盈率为 57.54 倍。《重组预案》中披露,沪、深两市 210 家医药制造业上市公司静态市盈率的加权平均值为 42.94 倍,本次交易万邦德制药估值的静态市盈率较同行业上市公司的平均水平较高。除此之外,评估机构拟采取收益法和市场法对标的资产进行估值,但《重组预案》中仅披露了收益法预估值的结果,市场法的预估值并未披露,是否与收益法估值存在较大差异。

三是关联交易是否涉及利益输送。赵某某、庄某夫妇通过万邦德集团持有上市公司 18.88% 股权,同时赵某某、庄某夫妇直接和间接共持有标的公司万邦德制药 65.24% 股权,其既是上市公司的实际控制人,也是本次重组标的公司的实际控制人,本次交易构成了关联交易。

如果本次重组完成,因为高估值、高溢价收购,赵某某、庄某夫妇直接和间接持有上市公司的股权比例将提高至 44.94%,增强了对上市公司的控制。在实际控制人将自有资产装入上市公司的情形下,高估值涉嫌利益输送。

2. 标的公司经营业绩的可持续性

万邦德制药 2015 年、2016 年、2017 年和 2018 年 1 月至 4 月的营业收入分别为 4.19 亿元、6.99 亿元、5.64 亿元和 1.82 亿元;归属于母公司的净利润分别为 0.38 亿元、1.24 亿元、0.65 亿元和 0.41 亿元;净利率分别为 7.52%、17.63%、10.98% 和 21.81%,其在报告期内的经营业绩波动较大。对于经营业绩的可持续性,存在以下两点疑问。

一是“两票制”政策的影响。万邦德制药 2017 年经营业绩较 2016 年下滑严重,其中营业收入下降了 19.31%,净利润下降了 47.58%,《重组预案》中解释 2017 年业绩下滑的主要是由国家全面实施“两票制”后,公司经销模式改变导致。“两票制”的实施对医药生产企业的市场拓展、产品流动配送、产品售后回款等方面产生了重要的影响,上市公司应说明“两票制”对万邦德制药的销售模式、单价、规模以及现金流的影响及采取的措施。

二是产品质量违法违规情况的影响是否消除。根据《重组预案》,万邦德制药近 3 年内曾 2 次因产品质量问题,受到行政处罚。一是子公司万邦德天然药因违规购进银杏叶提取物生产银杏叶片和银杏叶胶囊,伪造相关银杏叶提取物,2016 年 1 月受到湖南省食品药品监督管理局的行政处罚,也导致了万邦德制药 2015 年经营业绩大幅下滑;二是因 2013 年 9 月至 2015 年 1 月,子公司贝斯康药业从陕西购进部分银杏叶提取物后,更改包装加贴贝斯康药业标签后对外销售,受到行政处罚。上述事项对万邦德制药产品质量、经营业绩的影响是否已经消除。万邦德制药共有 8 项生产质量管理规范(Good Manufaturing Practice,GMP)认证证书,其中 1 项将于 2018 年 7 月到期,4 项将于 2019 年到期,上述违法行为是否影响 GMP 到期后的重新认证,如果不能获得 GMP 证书,相关产品将不能生产,并将严重损害万邦德制药的持续经营。

案例 15 海航基础发行股份及支付现金购买海航金融一期

2018 年 6 月海航基础设施投资集团股份有限公司(以下简称海航基础,股票代码为 600515)公告了《发行股份及支付现金购买资产并募集配套资金暨关联交易预案》(以下简称《重组预案》),拟向北京海航金融控股有限公司(以下简称北京海航金控)发行股份及支付现金购买其通过内部股权调整后将持有的海航金融一期有限公司(以下简称海航金融一期)100% 的股权。

一、案 例 简 介

(一)上市公司基本情况

海航基础成立于 1993 年 5 月 12 日,并于 2002 年 8 月 6 日在上海证券交易所上市交易。《重组预案》发布时,海航基础股价为 11.16 元,总股本为 3,907,592,460 股,总市值约 436.09 亿元,控股股东为海航基础控股集团有限公司(以下简称海航基础控股),实际控制人为海南省慈航公益基金会(以下简称慈航基金会)。

海航基础原主营业务包括地产、机场、工程建设、免税、酒店等。其主要财务状况和经营成果如表 15 - 1 所示。

表 15－1　海航基础基本财务指标　　单位:万元

项目	2018 年 3 月 31 日	2017 年 12 月 31 日	2016 年 12 月 31 日
总资产	9,457,063.13	9,234,745.49	9,699,908.25
总负债	5,088,847.03	4,998,390.89	5,326,065.65
所有者权益	4,368,216.09	4,236,354.61	4,373,842.60
项目	2017 年	2016 年	2015 年
营业收入	131,053.68	1,115,707.73	993,651.99
净利润	64,672.37	224,910.11	112,548.72

(二)标的公司基本情况

本次发行股份并支付现金购买资产的交易标的为海航金融一期 100% 的股权。标的资产主营业务为投资控股,其下属主要资产系香港国际建设投资管理集团有限公司(以下简称香港国际建投)74.66% 的股权,香港国际建投主要从事地基打桩业务与房地产开发业务。截至《重组预案》签署日,香港海航实业集团有限公司(以下简称香港海航实业)持有海航金融一期 100% 的股权。本次重组前,北京海航金控与香港海航实业签署了《关于海航金融一期有限公司之股权转让协议》,约定香港海航实业将海航金融一期 100% 的股权转让给北京海航金控。转让完成后,北京海航金控将持有海航金融一期 100% 的股权,慈航基金会系海航金融一期的实际控制人。

海航金融一期于 2016 年 2 月 2 日成立,《重组预案》中未经审计的主要模拟财务数据如表 15－2 所示。

表 15－2　海航金融一期主要模拟财务数据　　单位:万元

项目	2018 年 2 月 28 日	2017 年 12 月 31 日	2016 年 12 月 31 日
总资产	2,641,065.39	2,740,866.28	590,194.59
总负债	1,352,633.49	2,726,064.98	542,670.31
归属于母公司股东的所有者权益	1,036,044.56	－244,000.49	－44,535.36
项目	2018 年 1～2 月	2017 年	2016 年
营业收入	42,146.11	285,250.72	336,264.34
利润总额	1889.51	－9196.03	52,897.49
归属于母公司股东的净利润	830.29	－17,068.27	13,649.19

(三)重大资产重组方案精要

海航基础拟以发行股份的方式购买北京海航金控持有的海航金融一期 100%

的股权,交易价格为1,038,083.82万元。本次交易前,海航基础主营业务涉及机场投资经营管理、房地产开发等业务。本次交易完成后,海航基础将在地基打桩与房地产开发业务领域得以延伸和拓展。

1. 估值及交易价格

截至《重组预案》发布时,标的资产涉及的审计、评估工作尚未完成。以2018年2月28日为评估基准日,采用资产基础法进行评估,本次重组标的资产的预估值为1,038,083.82万元,预估增值率为9.73%。

2. 发行股份购买资产的发行价格

海航基础拟通过发行股份及支付现金的方式收购标的资产,发行股份价格为本次交易的董事会决议公告日前20个交易日公司股票交易均价的90%,即11.12元/股作为发行价格,发行的股份数量为746,822,894股。

3. 业绩承诺与补偿协议

本次交易标的公司的业绩承诺方为北京海航金控。《重组预案》发布时,审计、评估工作尚未完成,交易对方对假设开发法评估资产在本次交易实施完毕当年及其后连续4个会计年度的净利润(扣除非经常性损益后)作出承诺,承诺假设开发法评估资产2018年3～12月、2019年、2020年、2021年和2022年预测净利润(扣除非经常性损益后)数额合计不低于20.00亿元。北京海航金控应优先以其通过本次交易而取得的上市公司股份进行补偿,前述股份不足补偿的,由其以现金方式向上市公司进行补偿。标的资产对应股份补偿数量的上限为本次重组中北京海航金控以标的资产作价认购的上市公司新增发行股份总数。

4. 交易完成后海航基础股权结构

本次交易完成前后,上市公司股东持股情况如表15－3所示。

表15－3　交易完成前后海航基础股东持股情况

股东名称	重组前		重组后(未考虑配套募集资金)		重组后(考虑配套募集资金)	
	持股数量(股)	持股比例	持股数量(股)	持股比例	持股数量(股)	持股比例
海航基础控股	2,249,297,094	57.56%	2,249,297,094	48.33%	2,249,297,094	46.53%

续表

股东名称	重组前		重组后（未考虑配套募集资金）		重组后（考虑配套募集资金）	
	持股数量(股)	持股比例	持股数量(股)	持股比例	持股数量(股)	持股比例
海航实业集团有限公司	128,214,170	3.28%	128,214,170	2.75%	128,214,170	2.65%
天津市大通建设发展集团有限公司	27,336,546	0.70%	27,336,546	0.59%	27,336,546	0.57%
北京海航金控	—	—	746,822,894	16.05%	746,822,894	15.45%
小计	2,404,847,810	61.54%	3,151,670,704	67.71%	3,151,670,704	65.19%
配募发行对象	—	—	—	—	179,856,115	3.72%
其他股东	1,502,744,650	38.46%	1,502,744,650	32.29%	1,502,744,650	31.09%
总股本	3,907,592,460	100.00%	4,654,415,354	100.00%	4,834,271,469	100.00%

注:由于本次配套募集资金采取询价方式,发行价格尚未确定,若假设本次募集配套资金发行价格与本次发行股份购买资产价格同为11.12元/股,则在本次募集配套资金为200,000万元的情况下,募集配套资金发行股份数量为179,856,115股。

二、案例分析

(一)行权过程

2018年7月10日,投服中心参加了海航基础重大资产重组媒体说明会,并在现场向海航基础提出三个方面的问题:一是交易准备是否充分;二是关于标的资产的担保问题;三是关于标的资产持续盈利能力。最终,海航基础于2018年8月8日终止了本次重组。

(二)行权内容分析

1.交易准备是否充分

根据《重组预案》,本次重组交易对方北京海航金控暂未取得标的资产海航金融一期股权。标的公司股东香港海航实业与北京海航金控已履行了内部决策程序并签署了《关于海航金融一期有限公司之股权转让协议》,同意北京海航金控购买香港海航实业持有的海航金融一期100%的股权。而《重组预案》中北京海航金控取得标的资产所有权可能因为协议执行、发展和改革委员会、商务主管部门的核准或备案及香港联合交易所豁免强制要约收购等事件存在不确定性,其当前也无权处分标的资产。

此外,海航基础自 2018 年 1 月 23 日因重大资产事宜停牌,在 5 个月停牌到期的最后一日公告了该《重组预案》,除股权转让尚未完成,本次交易中标的审计、评估等工作也尚未完成,业绩承诺、评估等内容未有详细披露。

综上所述,公司向联交所提交的要约收购豁免申请进展能否顺利,公司公布《重组预案》前未完成股权转让的原因,标的资产的状况能否影响本次重组交易等问题存在疑虑。

2. 关于标的资产的担保问题

本次交易标的资产海航金融一期及其控股公司的主要资产(包括九龙启德地块)存在约 53.4 亿港元的抵押,海航金融一期主要资产香港国际建投股权质押率已经达到 91.21%,另存在为关联方海航实业集团有限公司的 2.5 亿元贷款提供担保的情况。虽然北京海航金控承诺解决标的公司为关联方提供股权质押担保,即使北京海航金控能够履行承诺,但仍有 26.7% 的股权处于质押状态。

综上所述,虽然交易对手股权层面未存在瑕疵,但标的资产的主要资产及部分股权均存在因权利人行使权利而被执行,进而导致上市公司存在支付了交易对价而无法取得或者有效控制上述资产的风险。

3. 关于标的资产持续盈利能力

2016 年至 2017 年,海航金融一期营业收入分别为 33.63 亿元和 28.53 亿元,扣非后的归母净利润为 1.09 亿元和 -1.97 亿元,降幅较大。

海航金融一期的主要资产为其所持有的香港国际建投 74.66% 的股权和香港汇海晟投资有限公司(以下简称汇海晟)100% 的股权,两项资产均存在一定问题。香港国际建投主要从事地基打桩业务与房地产开发业务,其 2016 年、2017 年和 2018 年 1 ~ 2 月的扣非后归母净利润分别为 23,402.36 万元、-2117.85 万元和 3232.69 万元。2017 年净利润水平较 2016 年大幅下滑,一方面,因为市场竞争激烈,为抢占市场调低产品价格,毛利率下降;另一方面,2017 年国内房地产业务的项目收入与成本仅能持平,利润率较高的房地产项目在 2016 年已基本售完,导致 2017 年房地产利润大幅下降。汇海晟主要资产为旅游零售商“Dufry”参股权,2017

年扣非后归母净利润为 -11,345.28 万元,其通过借款取得"Dufry"相关股权,产生大额财务费用,影响了海航金融一期的净利润。

此外,《重组预案》中也披露了未来仍存在地基打桩行业竞争加剧导致毛利率下降、业务市场份额降低等可能对标的公司未来业绩产生不利影响的风险。

对此存在以下疑虑:标的公司如何解决上述影响业绩的问题;香港国际建投后续有何改善利润率的房地产项目计划,如何改善地基打桩业务规模及盈利能力,以保持业绩的增长;汇海晟在其原股东豁免 5 亿元债务后,资产负债率仍高达 84.21%,汇海晟未来收益能否覆盖财务费用。综上所述,标的公司如何保持净利润的稳定增长,本次交易是否有利于增强上市公司持续盈利能力。

案例16　浙江广厦出售天都实业

2018年6月4日，浙江广厦股份有限公司（以下简称浙江广厦，股票代码为600052）公告了《重大资产出售暨关联交易报告书（草案）》（以下简称《报告书》），拟向广厦控股集团有限公司（以下简称广厦控股）转让其所持有的浙江天都实业有限公司（以下简称天都实业）100%的股权。

一、案例简介

（一）上市公司基本情况

浙江广厦的前身是浙江省东阳市第三建筑工程公司，成立于1973年，于1997年4月15日在上海证券交易所上市交易。发布《报告书》时，浙江广厦股价为3.73元/股，总股本为87,179万股，总市值32.52亿元。浙江广厦控股股东为广厦控股，广厦控股直接持有浙江广厦326,300,000股，占浙江广厦股本的37.43%，浙江广厦实际控制人为楼某福，楼某福合计控制公司43.61%的股权。

浙江广厦是浙江省较早从事房地产开发的企业之一，但2014年以来，公司通过资产置换收购等方式进入影视文化行业，并通过加快销售去化和股权出售的方式，逐步退出房地产行业。浙江广厦近3年主要财务数据如表16-1所示。

表 16－1　浙江广厦基本财务数据　　单位:万元

项目	2017 年 12 月 31 日	2016 年 12 月 31 日	2015 年 12 月 31 日
总资产	527,549.43	449,151.50	587,029.81
总负债	296,579.35	244,431.96	456,934.37
净资产	230,970.09	204,719.54	130,095.44
归属于母公司股东的所有者权益	230,970.09	204,719.54	130,095.44
项目	2017 年	2016 年	2015 年
营业收入	82,163.39	173,992.21	234,209.64
利润总额	16,850.84	34,859.46	－59,584.88
净利润	18,859.22	35,747.56	－65,620.10
归属于母公司股东的净利润	18,859.22	35,747.56	－65,611.26

（二）标的公司基本情况

本次重大资产出售交易中，出售的标的公司为天都实业，交易对方为广厦控股。天都实业成立于 1998 年 8 月，是浙江广厦的全资子公司。天都实业主营业务一直为房地产投资、开发与经营，其近 2 年经审计的合并财务报表的主要财务数据如表 16－2 所示。

表 16－2　天都实业基本财务数据　　单位:万元

项目	2017 年 12 月 31 日	2016 年 12 月 31 日
资产总计	316,612.16	239,335.81
负债合计	283,365.66	211,497.92
所有者权益合计	33,246.50	27,837.89
项目	2017 年	2016 年
营业总收入	63,471.37	46,642.96
营业利润	945.84	－9200.75
利润总额	2931.44	－9329.87
净利润	5408.61	－8196.58
归属于母公司股东净利润	5408.61	－8196.58

（三）重大资产出售方案精要

浙江广厦拟向广厦控股转让所持天都实业 100% 的股权，广厦控股将以现金进行支付。通过本次重大资产出售，上市公司将置出房地产开发业务［仅剩广厦（南京)房地产投资实业有限公司少量车位待售],集中精力聚焦影视传媒等大文化行业。本次交易不会导致实际控制人变更,本次交易不涉及发行股份,不影响上市公司股权结构。

1. 交易估值与价格

本次交易的标的资产评估基准日为2017年12月31日。资产评估机构采用资产基础法和收益法对标的公司进行评估,并选取资产基础法评估结果作为最终评估结果。标的公司在评估基准日账面净资产为37,502.28万元,在《资产评估报告》所列假设和限定条件下,采用资产基础法评估,评估后标的公司股东全部权益价值为153,840.64万元,评估增值116,338.36万元,增值率310.22%。经交易双方协商并最终确认,天都实业100%的股权定价为人民币153,840.64万元。

2. 本次交易对上市公司财务状况的影响

根据上市公司2016年和2017年经审计的财务报告及本次交易的《备考审阅报告》,本次交易完成后,上市公司的主要财务指标变化情况如表16-3所示。

表16-3　上市公司的主要财务指标变化　　单位:万元

项目	2017年12月31日		2016年12月31日	
	交易前	交易后(备考数)	交易前	交易后(备考数)
总资产	527,549.43	422,353.28	449,151.50	427,959.70
总负债	296,579.35	86,051.58	244,431.96	111,750.10
归属于母公司所有者权益	230,970.09	336,301.70	204,719.54	316,209.60
归属于母公司的净利润	18,859.22	12,700.77	35,747.56	40,427.65
资产负债率(%)	56.22	20.37	54.42	26.11
基本每股收益(元/股)	0.22	0.15	0.41	0.46
稀释每股收益(元/股)	0.22	0.15	0.41	0.46

二、案例分析

(一)行权过程

2018年7月16日,投服中心参加了浙江广厦重大资产重组媒体说明会。现场,投服中心就交易原因及其合理性、持续盈利能力以及交易对方支付能力提出三个方面的问题。浙江广厦于2018年8月29日召开股东大会审议通过此次重大资产出售事宜。

（二）行权内容分析

1. 本次交易的原因及其合理性

公司自2001年起就从事房地产行业。《报告书》披露，公司2015年至2017年连续3年房地产业务的收入分别约为22.23亿元、15.39亿元和5.94亿元，占比分别为95.22%、89.73%和73.24%。可见，房地产业务仍是上市公司最主要的营收来源。

《报告书》披露，公司本次出售天都实业是为了迅速回笼现金，留存较多的现金储备用作影视文化领域的并购。公司下半年有收购影视文化标的的计划，但还处于探索寻找的阶段，未有确定意向。投服中心对公司选择在此时出售房地产业务的合理性存疑，公司为何不待明确并购标的后或者影视文化业务再壮大一些后再推进本次交易。若影视文化的收购事宜迟迟未得推进，同时公司又失去了最主要营收来源的房地产业务，对上市公司的盈利能力会造成重大影响。

2. 本次交易后公司持续盈利能力存在重大不确定性

《报告书》披露，本次重大资产出售后，公司将重点发展影视传媒等大文化产业。目前公司影视文化业务的经营主体是广厦传媒有限公司（以下简称广厦传媒），而广厦传媒是公司2014年通过资产置换收购而来，但广厦传媒自置入公司后连续3年均未达业绩承诺，导致公司2014年至2016年扣非后净利润受较大影响。公司2017年年度报告披露，广厦传媒规模较小，资金实力不够雄厚，在影视资源的获取方面与行业大型影视制作公司相比存在一定劣势。而且影视文化行业受监管政策和宏观市场环境影响较大，一旦政策和市场环境发生重大变化，将导致公司无法如期实现转型。公司2015年至2017年影视业的营收占比分别为0.93%、7.33%和19.74%，由此可见，上市公司的影视文化产业尚未形成稳定规模。在新业务开展方面，公司于2017年才刚开始开展体育产业，新业务的开发和培育需要一定的周期，尚需论证。所以，公司未来战略转型及新产业发展存在较大不确定性。

《上市公司重大资产重组管理办法》第11条规定，重组应有利于上市公司增强持续经营能力。但本次交易可能影响上市公司的持续经营能力。本次交易上市公司剥离构成营收主要来源的房地产业务，转而投向不确定性极大的影视文化产业等新业务,可能有些激进,置上市公司于极大的不确定性中,很可能导致广大中小投资者的利益受到损害。

3. 交易对方广厦控股的支付能力存疑

2016年6月公司控股股东广厦控股通过其全资子公司广厦房地产开发集团有限公司(以下简称房开集团)收购浙江雍竺实业有限公司51%的股权以及浙江广厦东金投资有限公司100%的股权,截至2018年6月,房开集团仍未支付约2.76亿元现金款项。上市公司在致上海证券交易所的回复函中解释称,因临近2017年年底,房开集团和广厦控股需要支付的经营款项较多,经房开集团申请,公司董事会和临时股东大会审议通过,同意将股权转让款及其利息的支付期限延期9个月,即不迟于2018年8月18日前支付完毕。同时,广厦控股对上述款项承担连带支付责任。如房开集团不能按时支付上述款项,需广厦控股代为履行。截至2018年6月26日,广厦控股(母公司口径)货币资金余额为8.25亿元。若广厦控股代房开集团支付上述2.76亿元尾款后,可能不足以支付本次交易首笔51%的股权转让款7.84亿元。公司和广厦控股应当考虑该等风险,采取措施保障本次交易首笔转让款的按时足额支付。

本次交易剩余49%的股权转让款及利息将分别于2019年5月30日和交割日后12个月内付清。结合公司控股股东广厦控股之前有延期支付交易尾款的先例,公司届时可能会再次同意广厦控股延期支付上述剩余款项、占用上市公司资金。在此,投服中心希望若本次交易能顺利推进,交易对方广厦控股能严格遵守合同中约定的支付条件和期限,按时足额的支付交易对价。

另外,《报告书》披露,2017年3月16日,吴某向浙江省高级人民法院提起诉讼要求广厦控股归还本金及利息2.64亿元,同时要求广厦控股支付借款逾期利息6.54亿元,两项诉讼合计约9.18亿元。若广厦控股败诉,将向吴某支付9.18亿元,这可能严重影响广厦控股支付本次交易49%尾款的能力。

案例17　东方新星资产置换及发行股份购买奥赛康

2018年7月10日，北京东方新星石化工程股份有限公司（以下简称东方新星，股票代码为002755）公告了《重大资产置换及发行股份购买资产暨关联交易预案》（以下简称《重组预案》），拟通过资产置换与发行股份方式收购江苏奥赛康药业股份有限公司（以下简称奥赛康药业）100%的股权。

一、案 例 简 介

（一）东方新星基本情况

东方新星成立于1996年，于2015年5月15日在深圳证券交易所挂牌交易。发布《重组预案》时，东方新星的股价为9.75元/股，总股本为172,278,000股，总市值16.80亿元。在本次交易前，东方新星无控股股东、实际控制人。

东方新星的主营业务是为石油化工行业、新型煤化工行业的大型建设项目提供工程勘察和岩土工程施工服务，其最近三年及一期的财务状况和经营成果如表17－1所示。

表17－1　东方新星基本财务指标　　单位：万元

项目	2018年3月31日	2017年12月31日	2016年12月31日	2015年12月31日
总资产	83,332.66	86,657.42	69,057.45	71,642.39
总负债	25,102.01	28,154.82	18,117.08	20,807.80
股东权益	58,230.65	58,502.60	50,940.37	50,834.60

续表

项目	2018 年 1～3 月	2017 年	2016 年	2015 年
营业收入	6208.05	36,593.39	17,835.79	27,815.72
利润总额	716.97	2034.35	464.52	2301.70
净利润	618.03	1726.17	460.46	1886.45

(二)标的公司基本情况

本次重组交易中,购买的标的公司为奥赛康药业。奥赛康药业于 2013 年 1 月成立。本次交易前,奥赛康药业的股权结构如图 17－1 所示。

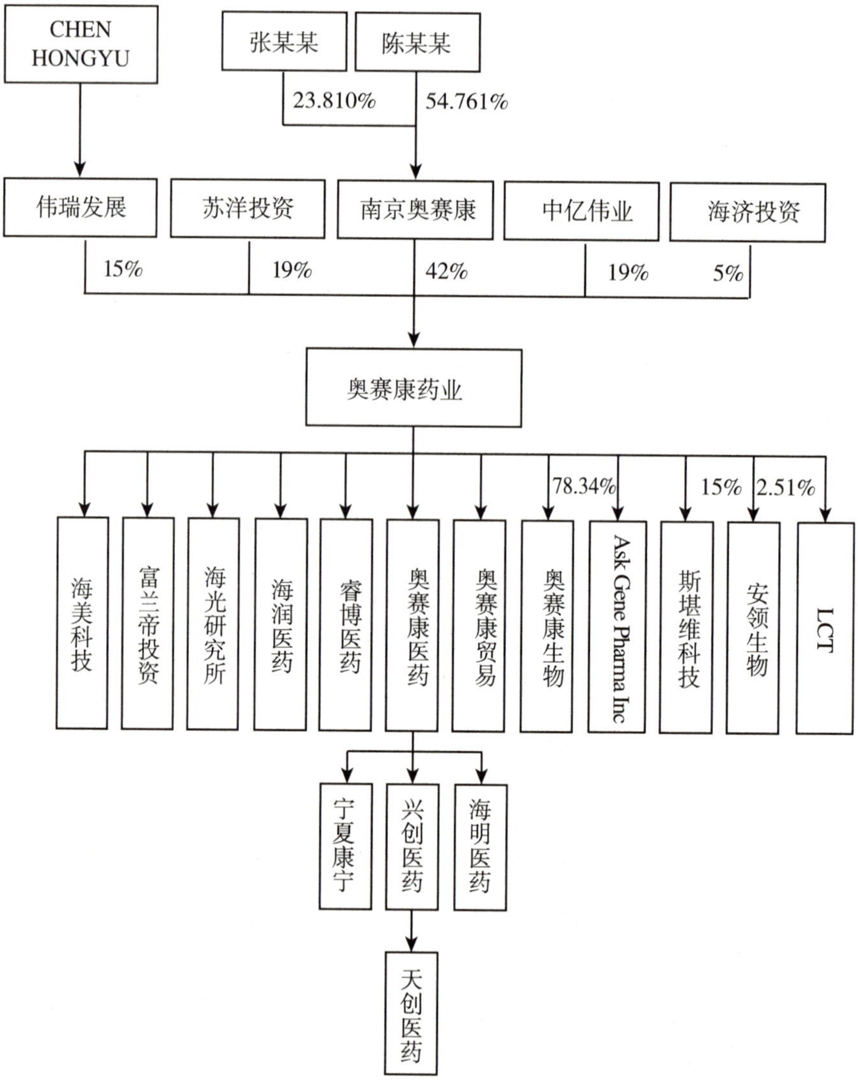

图 17－1　奥赛康药业股权结构

奥赛康药业主要从事消化类、抗肿瘤类及其他药品的研发、生产和销售业务，系国内最大的质子泵抑制剂(Proton Pump Inhibitor，PPI)注射剂生产企业，其未经审计最近三年及一期主要财务指标如表17-2所示。

表17-2 奥赛康药业的主要财务数据

单位：亿元

项目	2018年3月31日	2017年12月31日	2016年12月31日	2015年12月31日
总资产	25.80	24.15	27.53	22.46
总负债	11.85	11.73	10.62	8.71
股东权益	13.95	12.42	16.91	13.76
项目	2018年1~3月	2017年	2016年	2015年
营业收入	9.77	34.05	30.92	30.11
利润总额	1.90	6.99	7.35	5.92
净利润	1.60	6.07	6.30	5.09

(三)重大资产重组方案精要

东方新星本次重组分两个步骤进行。一是重大资产置换，东方新星指定特定全资子公司作为其全部资产、负债的划转主体，将除对该指定主体的长期股权投资外的全部资产、负债划转入该指定主体，并以上述指定主体的100%股权作为置出资产，与奥赛康药业的全体股东持有的奥赛康药业100%的股份的等值部分进行置换。二是发行股份购买资产，即针对拟置出资产与拟购买资产的差额，由东方新星以发行股份的方式向奥赛康药业的全体股东购买。上述重大资产置换和发行股份购买资产同时生效、互为前提，任何一项因未获得所需的批准(包括但不限于相关交易方内部有权审批机构及相关监管机构批准)而无法付诸实施的，另一项交易不予实施。本次交易完成后，奥赛康药业将成为东方新星的子公司，东方新星的主营业务将变更为消化类、抗肿瘤类及其他药品的研发、生产和销售。

1.重大资产置换

以2018年3月31日为预评估基准日，本次交易拟置出资产的预估值约为5.40亿元，预估增值0.16亿元，增值率为3.05%。根据《重大资产置换及发行股份购买资产协议》，经交易各方友好协商，拟置出资产初步作价5.40亿元。交易各方同意，置出资产最终交易价格以具有证券期货业务资格的评估机构出具的置出资产的相关评估报告载明的评估价值为依据，由交易各方协商确定。

以2018年3月31日为预估值基准日,本次交易拟置入资产的预估值为80.20亿元,预估增值66.25亿元,增值率为474.91%。根据《重大资产置换及发行股份购买资产协议》,经交易各方友好协商,拟置入资产初步作价80.00亿元。交易各方同意,置入资产最终交易价格以具有证券期货业务资格的评估机构出具的置入资产的相关评估报告载明的评估价值为依据,由交易各方协商确定。

2. 发行股份购买资产

本次交易中,拟置出资产的初步作价为5.40亿元,拟购买资产的初步作价为80.00亿元,上述差额74.60亿元由东方新星以发行股份的方式向奥赛康药业的全体股东购买。

3. 本次交易的性质

本次交易的拟置入资产为奥赛康药业100%股权,奥赛康药业截至2017年12月31日未经审计的资产总额、资产净额及2017年营业收入占东方新星同期经审计的合并财务报表相关指标的比例分别为922.72%,1541.43%和930.33%。根据《上市公司重大资产重组管理办法》的规定,本次交易构成重大资产重组。

本次交易中,因拟置入资产的相关指标超过东方新星截至2017年12月31日及2017年年度相关指标的100%、购买资产发行的股份占东方新星本次交易首次董事会决议公告日前一个交易日的股份的比例超过100%且本次交易将导致东方新星主营业务发生根本变化,根据《上市公司重大资产重组管理办法》的规定,本次交易构成重组上市。

本次交易完成后,南京奥赛康将成为东方新星的控股股东,陈某某将成为东方新星的实际控制人。根据深圳证券交易所《股票上市规则》的相关规定,南京奥赛康系东方新星的关联方,本次交易构成关联交易。

4. 业绩承诺与补偿协议

根据东方新星与交易对方签署的《盈利预测补偿协议》,交易对方承诺本次重大资产重组实施完毕后,奥赛康药业在2018年、2019年和2020年实现的合并报表范围扣除非经常性损益后归属于母公司所有者的净利润分别不低于6.41亿元、7.15亿元和7.84亿元。若本次重大资产重组无法在2018年内实施完毕,则业绩承诺期延续至2021年。

若奥赛康药业在业绩承诺期内累计实际实现的合并报表范围扣除非经常性损益后归属于母公司所有者的净利润低于累计承诺净利润,则奥赛康药业全体股东应首先以通过本次交易取得的东方新星股份进行补偿;股份补偿总数达到本次发行股份购买资产的发行股份总数的90%后仍需进行补偿的,奥赛康药业全体股东将自主选择采用现金或股份的形式继续进行补偿,直至覆盖奥赛康药业全体股东应补偿的全部金额。

业绩承诺当期所需补偿金额＝(截至当期期末累计承诺扣非归母净利润－截至当期期末累计实际扣非归母净利润)÷业绩承诺期内各年累计承诺扣非归母净利润总和×置入资产交易作价－累计已补偿金额。

5. 本次交易对东方新星股权结构的影响

本次交易完成后,东方新星的控股股东为南京奥赛康,持有东方新星总股本的34.54%股权。陈某某为南京奥赛康之控股股东,同时,伟瑞发展持有东方新星总股本的12.34%股权。故此,本次交易完成后,东方新星实际控制人为陈某某,陈某某及其一致行动人合计控制东方新星表决权的46.88%。

二、案例分析

(一)行权过程

2018年7月23日,投服中心参加东方新星重大资产重组媒体说明会,现场向东方新星提出两个方面的问题:一是标的公司未来经营的不确定性;二是盈利预测补偿协议是否合规。东方新星于2018年9月12日召开股东大会审议通过此次重大资产重组事宜。

(二)行权内容分析

1. 标的公司未来经营的不确定性

《重组预案》披露,标的公司奥赛康药业抗肿瘤类产品主要包括铂类等抗肿瘤类用药和抗肿瘤支持用药,其中铂类用药属于普通化疗药物。

抗肿瘤药物发展到目前为止,先后出现三个阶段:第一个阶段是细胞毒性化疗药物(又称普通化疗),第二个阶段是“靶向治疗”,第三个阶段是免疫疗法。普通化疗机理成熟,对癌细胞杀灭作用强,但对正常细胞损伤大,副作用强;“靶向治疗”在普通化疗基础上进行优化,靶向性好,减小了对正常细胞的损害;免疫疗法理论上不损伤反而增强免疫系统,可以治疗多种癌症,且能降低癌症复发率,但现阶段技术相对不成熟,未广泛使用。南方医药经济研究所《抗肿瘤药物市场研究报告(2017)》显示,普通化疗在医院的市场份额最大,但已开始出现缓慢下降趋势;靶向药物近年来在医院市场份额稳步增长,由2012年的11.52%增长至2016年的17.03%。因此,虽然现阶段普通化疗仍在癌症治疗领域处于主导地位,但未来行业的发展趋势将逐渐向"靶向治疗"与免疫疗法演进。

根据南方医药经济研究所《抗肿瘤药物市场研究报告(2017)》的数据,铂类药品2012~2016年在医院的市场份额分别为5.59%、5.19%、4.88%、4.90%和5.13%,多年来变动不大,期间还有小幅下滑。奥赛康药业产品中铂类用药的代表产品为奥先达(注射用奈达铂)。根据中国药学会样本医院数据统计,奥先达2012~2017年医院的市场份额大幅下降,从2012年的42.19%一路降至2017年的24.76%,市场地位从行业第一降至行业第三。结合癌症治疗的演进趋势与公司铂类用药市场份额大幅下滑等因素,投服中心对公司抗肿瘤类产品未来的业绩存在一定不确定性存在以下三点疑问。

一是抗消化性溃疡类药物与抗肿瘤药分别占奥赛康药业的营收情况,公司抗肿瘤类产品未来的业绩存在较大不确定性,可能会对公司经营产生重大影响;二是奥赛康药业抗肿瘤类产品中铂类用药的占比情况,可能存在对单一产品较大的依赖性;三是未来应对肿瘤治疗方式演进带来的挑战方式不明。

2. 盈利预测补偿协议是否合规

《重组预案》中披露的《盈利预测补偿协议》中规定:"在本次交易实施完成后如因下列原因导致在业绩承诺期内截至当期期末累计实际扣非归母净利润小于截至当期期末累计承诺扣非归母净利润的或者利润延迟实现的,协议各方可协商一致,以书面形式对前述约定的补偿数额予以调整:发生签署协议时所不能预见、不能避免、不能克服的任何客观事实,自然灾害或社会性事件导致置入资产发生重大经济损失、经营陷入停顿或市场环境严重恶化的,各方可根据公平原则,结合实际情况协商制定其他业绩考核方式,或者免除或减轻交易对方的补偿责任。"

证监会2016年6月发布的《关于东方新星业绩补偿承诺的相关问题与解答》中明确"东方新星重大资产重组中,重组方应当严格按照业绩补偿协议履行承诺,重组方不得变更其作出的业绩补偿承诺。"投服中心针对《重组预案》中对补偿条款的调整是否符合规定,进而损害中小股东合法权益的情形仍存疑问。

案例18　万业企业发行股份购买凯世通

2018年7月17日，上海万业企业股份有限公司（以下简称万业企业，股票代码为600641）公告了《万业企业发行股份购买资产报告书草案》（以下简称《报告书》），拟向凯世通技术香港有限公司（Kingstone Technology HongKong Limited，以下简称凯世通香港）、苏州卓爆投资中心（有限合伙）（以下简称苏州卓爆）发行股份购买其持有的上海凯世通半导体有限公司（以下简称凯世通、标的公司）49%的股权。

一、案例简介

（一）上市公司基本情况

万业企业成立于1991年，于1993年4月7日在上海证券交易所主板上市交易。截至《报告书》签署日，万业企业股价为12.18元/股，总股本为80,615.8748万股，总市值98.18亿元，在《报告书》签署日，万业企业没有一个股东能够单独对公司形成控制关系，不存在控股股东和实际控制人。

万业企业公司的主营业务为房地产开发与销售，经营模式以自主开发销售为主，其最近三年的财务状况和经营成果如表18－1所示。

表18－1　万业企业基本财务指标　　单位：万元

项目	2017年12月31日	2016年12月31日	2015年12月31日
总资产	881,470.87	777,242.71	674,937.05
总负债	294,276.35	340,960.18	280,776.29
股东权益	587,194.52	436,282.53	394,160.76

续表

项目	2017 年	2016 年	2015 年
营业收入	209, 626. 19	318, 839. 94	243, 764. 52
利润总额	222, 970. 31	96, 789. 88	35, 285. 90
净利润	169, 890. 60	72, 278. 61	26, 363. 40

(二)标的公司基本情况

本次重组交易中,购买的标的公司为凯世通,交易对方为凯世通香港和苏州卓爆。

凯世通于2009 年4 月成立,2017 年3 月登录新三板。截至《报告书》出具之日,凯世通股权结构如表 18 –2 所示。

表 18 –2　凯世通股权结构

序号	股东名称	股东类别	持股数量(股)	持股比例
1	凯世通香港	境外法人	27, 375, 000	50. 69%
2	苏州卓爆	境内非国有法人	11, 032, 000	20. 43%
3	黄某某	个人	3, 125, 000	5. 79%
4	杭州中来锦聚新能源合伙企业(有限和伙)(以下简称杭州中来)	境内非国有法人	2, 500, 000	4. 63%
5	章某某	个人	2, 300, 000	4. 26%
6	上海中缔重赢投资管理中心(有限合伙)(以下简称上海中缔)	境内非国有法人	2, 000, 000	3. 70%
7	合肥易钧财赢投资管理中心(有限合伙)(以下简称合肥易钧)	境内非国有法人	1, 500, 000	2. 78%
8	无锡 TCL 爱思开半导体产业投资基金合伙企业(有限合伙)(以下简称无锡爱思开)	境内非国有法人	1, 500, 000	2. 78%
9	张某某	个人	1, 468, 000	2. 72%
10	宁波梅山保税港区备盈投资管理中心(有限合伙)(以下简称宁波备盈)	境内非国有法人	1, 000, 000	1. 85%
11	朱某	个人	200, 000	0. 37%
合计			54, 000, 000	100. 00%

凯世通主营业务为离子注入机及相关设备的研发、生产、销售、应用和服务，主要产品为离子注入机，其最近两年及一期主要财务指标如表 18－3 所示。

表 18－3　凯世通主要财务数据　　单位：万元

项目	2018 年 3 月 31 日	2017 年 12 月 31 日	2016 年 12 月 31 日
总资产	22,704.70	23,018.78	16,141.23
总负债	14,868.56	15,412.80	12,177.92
股东权益	7836.13	7605.98	3963.30
项目	2018 年 1～3 月	2017 年	2016 年
营业收入	1708.08	8920.10	2013.77
营业利润	309.48	1086.14	－2020.30
利润总额	310.01	1086.87	－1536.98
净利润	230.16	864.89	－1109.97

（三）重大资产重组方案精要

万业企业本次重组拟向凯世通香港、苏州卓爍发行股份购买其持有的凯世通 49% 的股权。本次重组完成后，万业企业主营业务将在房地产开发与销售的基础上增加离子注入及相关设备的研发、生产、销售和服务业务。

1. 上市公司以现金收购凯世通 51.00% 股权

在本次重大资产重组之前，2018 年 7 月 16 日，经万业企业第九届董事会临时会议审议通过，万业企业与凯世通香港、苏州卓爍、杭州中来、上海中缔、合肥易钧、无锡爱思开、宁波备盈、黄某某、章某某、张某某、朱某签署了《支付现金购买资产协议》，上市公司以现金购买凯世通 51.00% 股权。截至《报告书》签署日，凯世通 51% 股权交割手续正在办理过程中。

2. 三林万业向集成电路基金转让其所持万业企业 7% 的股权

根据《三林万业（上海）企业集团有限公司与国家集成电路产业投资基金股份有限公司关于上海万业企业股份有限公司之股份转让协议》，三林万业（上海）企业集团有限公司（以下简称三林万业）向集成电路基金转让其所持万业企业 7% 的股权，协议约定了过户条件，在下述条件全部满足或被集成电路基金书面豁免后实施上述股权转让事项：(1) 目标股份已经依法解除质押登记，且三林万业向集成电路基金提供了目标股份解除质押登记的证明文件；(2) 万业企业已经收购上海凯世通半导体股份有限公司的控股权(收购超过其50%的股份),交易完成交割并公告,且集成电路基金已收到万业企业被合法登记为上海凯世通半导体股份有限公司控股股东的股东名册。

3. 万业企业控股股东、实际控制人变更

三林万业将持有的万业企业7%的股权转让给集成电路基金后,三林万业持股比例将变更为13.53%。上海浦东科技投资有限公司(以下简称浦科投资)将成为上市公司控股股东,朱某东、李某某、王某某将成为万业企业实际控制人。

4. 业绩承诺与补偿协议

补偿义务人同意并承诺,凯世通2018年年度承诺净利润不低于5500万元,2019年年度承诺净利润不低于8000万元,2020年年度承诺净利润不低于11,500万元。在上市公司公布凯世通2018年、2019年和2020年每一年度《专项审核报告》后,若凯世通截至当期累计实现的净利润数低于截至当期累计承诺净利润数的95%,凯世通香港、苏州卓爆应按本次转让股份比例对上市公司进行补偿,具体补偿方案如下:

(1)当期应当补偿金额=(截至当期期末累积承诺净利润数-截至当期期末累积实现净利润数)÷补偿期限内各年的预测净利润数总和×标的资产交易作价-累积已补偿金额。

(2)当期应当补偿股份数量=当期应当补偿金额÷本次发行股份的认购价格。

(3)如交易对方所持有的股份数量不足以进行上述补偿的,则补偿义务人应以现金方式进行补偿,具体计算方案如下:当期应当补偿现金数量=当期补偿金额-当期已补偿股份数量×本次股份发行价格。

(4)补偿义务人应在业绩承诺期间内以各业绩承诺年度逐年对上市公司进行补偿,在各年计算的当期应补偿金额小于0时,按0取值,即已经补偿的股份或现金不冲回。

5. 交易完成后万业企业的股权结构

本次交易前,浦科投资持有公司28.16%的股权,三林万业持有公司20.53%的股权,公司无实际控制人。集成电路基金受让股权后,浦科投资将成为上市公司控股股东,朱某东、李某某、王某某将成为万业企业实际控制人。

二、案例分析

（一）行权过程

2018年8月6日，投服中心参加了万业企业重组媒体说明会，现场提出了标的资产估值的公允性、业绩承诺与补偿安排的合理性等两方面的问题。最终，万业企业于2018年12月26日公告了调整后的凯世通收购方案，公司终止了此前与交易对方签署的《支付现金购买资产协议之业绩补偿协议》《发行股份购买资产协议》及《发行股份购买资产协议之业绩补偿协议》，并达成新的《支付现金购买资产协议》。根据新的协议，凯世通的收购价格由9.7亿元降至3.98亿元，同时公司取消了与交易对方的业绩对赌和业绩承诺。

（二）行权内容分析

1. 标的资产估值的公允性

重组高估值不仅会直接稀释现有股东的权益，其带来的高承诺、高商誉可能导致业绩承诺难以完成、商誉巨额减值等"后遗症"，损害上市公司及中小投资者的权益。上市公司收购凯世通100%的股权，其中51%由现金支付，已于2018年8月2日交割完成；剩余49%由本次重组发行股份支付。以2018年3月31日为评估基准日，凯世通100%股权的收益法评估值为97,072.06万元，净资产账面值7836.13万元，增值率为1138.77%，增值较高。对于估值的公允性存在以下三点疑问。

（1）预测净利润的可实现性

收益法通过估测被评估资产未来预期收益的现值来判断资产的价值，估值是否合理的关键在于标的资产能否实现预期收益。凯世通2016年、2017年净利润分别为-1109.97万元、864.89万元，而2018年至2023年的预测净利润分别为5014.54万元、7925.59万元、11,208.86万元、13,200.77万元、15,131.52万元、16,608.76万元，显著高于报告期的净利润，并且逐年递增。以2017年为基期，至2023年，预测净利润的年均复合增长率达63.64%。凯世通属于半导体设备制造企业，根据国际半导体设备材料产业协会（International Semiconductor Equipment and Materials Industry Association，SEMI）预估，2018年全球半导体设备销售额将年增10.8%，2019年有望实现7.7%的增长；根据重组《报告书》披露的数据，2013年至2016年，中国半导体设备市场规模的年均复合增长率为 23.92%。结合凯世通已实现的净利润以及所在行业的历史、预计增速情况,预测凯世通 2018 年至 2023 年业绩爆发的逻辑存疑,缺乏事实基础支撑。

(2)预测主营业务收入大幅增长的合理性

一是预测太阳能离子注入机业务增长的合理性。《报告书》披露,凯世通 2016 年、2017 年和 2018 年第一季度太阳能离子注入机业务的收入分别为 1196.58 万元、8243.59 万元和 1648.72 万元,但预测该项业务 2018 年 4 ~ 12 月收入为 12,365.53 万元,若实现 2018 年预测收入,后三个季度收入需要达到第一个季度的 7.5 倍。同时,预测太阳能离子注入机业务 2019 年的收入达到 20,520.52 万元,较 2017 年、2018 年分别增加了 12,276.93 万元、6506.27 万元,而目前凯世通的主要客户相对集中单一,该业务 2019 年的预测收入实现可能性存疑。

二是集成电路离子注入机尚未进入生产线,对其收入预测的合理性。报告期内,凯世通的收入几乎全部来自太阳能离子注入机,其研发的集成电路离子注入机尚未进入生产线,但评估时预测其 2018 年 4 ~ 12 月、2019 年至 2023 年的 IC 集成电路业务营业收入分别为 4354.69 万元、4213.03 万元、8661.86 万元、11,884.07 万元、15,126.72 万元、16,639.39 万元。在没有前期业绩参考的情况下,预测的该项业务收入的基础存在疑问。截至 2018 年 7 月末,该项业务是否已经产生收入、具体收入不明。《报告书》披露,目前国内集成电路离子注入机市场被国外公司垄断,国外厂商也不断加大对中国市场的投入,相比于国外厂商,凯世通的优势没有说明。同时,集成电路离子注入机量产时间、目前未量产的原因以及何时可以克服无法量产的困难不够明确。此外,凯世通的估值敏感性分析表明,预测营业收入降低 5% 会导致估值减少 1.23 亿元、下降 14.53%,而预测营业收入中 IC 集成电路业务收入占比为 27.14%,如果该业务不能投入生产或没有客户,则其估值应相应减少。

(3)静态市盈率高于同行业水平

《报告书》披露了与凯世通同行业的 115 家可比上市公司,并逐一列出了可比公司按 2017 年归母净利润计算的静态市盈率,经计算其平均值为 54.12 倍。在论证定价公允性时,《报告书》中描述为"凯世通估值对应 2018 年预测归母净利润的动态市盈率为 19.34 倍,显著低于行业平均水平,表明本次交易的估值、作价较为谨慎"。但是,凯世通估值按 2017 年归母净利润计算的静态市盈率为 112.24 倍,远高于上述可比公司静态市盈率的平均值。《报告书》中以凯世通估值的动态市盈率与可比上市公司的静态市盈率相比较存在不合理之处,结合估值的静态市盈率情况可知公司估值不合理。

2. 业绩承诺与补偿安排的合理性

交易对方凯世通香港、苏州卓爆承诺,凯世通 2018 年、2019 年、2020 年扣非归母净利润分别不低于 5500 万元、8000 万元、11,500 万元,但其 2016 年、2017 年的扣非归母净利润仅为 -1542.70 万元和 423.32 万元,缺乏实现承诺的业绩基础。2018 年第一季度,凯世通的扣非归母净利润为 127.46 万元,仅实现了 2018 年承诺额的 2.32%,结合凯世通的中期业绩,公司 2018 年承诺业绩能否实现存在疑问。上市公司收购凯世通全部股权产生了 7.89 亿元商誉,如果凯世通未来业绩达不到预期,上市公司需要计提商誉减值损失,将直接吞噬上市公司净利润。为避免商誉减值损害上市公司及投资者利益,上市公司应当要求凯世通采取措施提升经营业绩、保证承诺业绩的措施。同时,凯世通是高科技产业,陈炯博士团队在其中的作用至关重要,如果业绩承诺未实现,而陈炯博士团队又离开公司,则上市公司的补偿方案也需要进行考虑。

案例19　云南旅游发行股份及支付现金购买文旅科技

2018年7月31日，云南旅游股份有限公司（以下简称云南旅游，股票代码为002059）公告了《发行股份及支付现金购买资产暨关联交易预案》（以下简称《重组预案》），拟以发行股份及支付现金方式购买深圳华侨城文化旅游科技股份有限公司（以下简称文旅科技或标的资产）100%股权。

一、案例简介

（一）上市公司基本情况

云南旅游成立于2000年，于2006年8月10日在深圳证券交易所中小板上市交易。发布《重组预案》时，云南旅游股价为7.20元/股，总股本为730,792,600股，总市值52.62亿元，在本次交易前，云南旅游控股股东为云南世博旅游控股集团有限公司（以下简称世博旅游集团），持股比例为49.52%。

云南旅游属于公共设施管理行业，主营业务包括景区运营管理、旅游酒店、旅游地产、旅游交通、旅行社、园林绿化服务及物业服务配套、旅游文化等板块，其最近三年及一期的财务状况和经营成果如表19－1所示。

表 19－1 云南旅游基本财务指标 单位：万元

项目	2018 年 3 月 31 日	2017 年 12 月 31 日	2016 年 12 月 31 日	2015 年 12 月 31 日
总资产	479,836.81	477,870.27	397,050.22	404,053.27
总负债	289,729.11	285,078.85	212,119.95	202,070.88
归属于母公司所有者权益	152,568.60	154,731.04	149,437.57	167,557.87
项目	2018 年 1～3 月	2017 年	2016 年	2015 年
营业收入	19,601.27	162,147.09	145,953.45	142,649.75
营业成本	21,991.72	147,965.79	135,084.21	129,577.68
归属于母公司所有者净利润	－2088.03	7154.52	6679.74	8345.47

（二）标的资产基本情况

本次重组交易中，购买的标的资产为文旅科技 100% 的股权，交易对方为华侨城集团有限公司（以下简称华侨城集团）、李某、文某某、贾某某。

文旅科技于 2009 年 12 月 9 日在深圳成立。经过三次股权转让后，变更为华侨城集团持股 60%，李某持股 16%，文某某持股 12%，贾某某持股 12%，股权结构如图 19－1 所示。

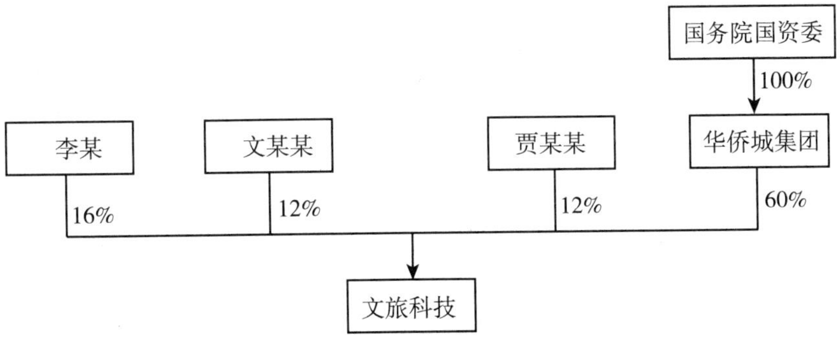

图 19－1 文旅科技股权结构

文旅科技主营业务是向文化旅游景区提供园区策划设计、高科技游乐设备研发生产、工程代建等服务，其最近三年及一期主要财务指标如表 19－2 所示。

表 19－2　文旅科技主要财务数据

单位:万元

项目	2018年3月31日	2017年12月31日	2016年12月31日	2015年12月31日
总资产	10,070.01	99,314.26	52,085.92	45,486.74
总负债	65,843.10	57,401.38	27,282.62	29,481.42
所有者权益	34,226.91	41,912.88	24,803.31	16,055.32
项目	2018年1～3月	2017年	2016年	2015年
营业收入	5750.83	41,187.32	32,730.61	23,929.77
营业利润	926.61	17,962.97	9232.52	6685.15
利润总额	926.61	17,959.55	10,030.73	7236.96
净利润	876.91	15,488.73	8672.68	6299.16

(三)重大资产重组方案精要

本次交易方案为云南旅游向华侨城集团及李某、文某某、贾某某3名自然人股东以发行股份及支付现金购买资产的方式购买其所持文旅科技100%的股权。其中,云南旅游以发行股份方式购买华侨城集团、李某、文某某及贾某某分别持有的文旅科技60.00%、12.80%、9.60%和9.60%的股权;以支付现金方式购买李某、文某某及贾某某分别持有的文旅科技3.20%、2.40%和2.40%的股权。

1.收购估值及股份发行情况

本次交易中,根据截至预估基准日2018年3月31日标的资产的预估值,本次交易的标的资产预估作价金额为201,580.40万元,标的资产的最终交易价格以具有证券期货业务资格的资产评估机构出具的、并经国有资产监督管理部门备案的评估报告的评估结果为准。

本次发行股份购买资产的股份发行定价基准日为公司第六届董事会第二十七次(临时)会议决议公告日,发行股份价格不低于定价基准日前60个交易日股票交易均价的90%,即6.66元/股。云南旅游于2018年4月25日召开2017年度股东大会,审议通过《公司2017年度利润分配议案》,以现金的方式派发股利7,307,925.76元[按公司2017年年底总股份730,792,576股计算,每10股派发现金股利0.10元(含税)],前述分配方案已于2018年6月14日实施完毕,经除权、除息调整后,本次发行股份价格由6.66元/股调整为6.65元/股。

2. 本次交易构成重大资产重组及重组上市

本次交易预估作价占云南旅游2017年经审计的合并财务会计报告期末净资产额的比例达到50%以上，且超过5000万元，本次交易构成重大资产重组，同时文旅科技2017年归属于母公司所有者的净利润为15,563.81万元(未经审计，为扣除非经常性损益前后的归属于母公司所有者净利润孰高值)，超过云南旅游控制权发生变更的前一会计年度，即2016年云南旅游归属于母公司所有者的净利润6679.74万元的100%，且本次交易拟注入资产的预估作价为201,580.40万元，超过云南旅游控制权发生变更的前一会计年度末，即2016年年末云南旅游归属于母公司所有者的净资产149,437.57万元的100%。本次交易构成重组上市。

3. 业绩承诺及补偿安排

业绩承诺期为本次交易实施完毕的当年及后续两个会计年度，即2018年、2019年及2020年，如本次交易未能于2018年12月31日前实施完毕，则上述业绩承诺期将随之顺延为2019年、2020年及2021年。若本次交易未能于2019年12月31日前实施完毕，则上述业绩承诺期应做相应顺延，届时交易双方将另行签署《业绩承诺及补偿协议》的补充协议。

业绩补偿义务人承诺本次交易的标的公司在业绩承诺期各年度实现的扣除非经常性损益后归属于母公司所有者的净利润(以下简称承诺净利润)将不低于经国务院国资委备案的资产评估报告中的预测净利润数额，最终承诺净利润数以经国务院国资委备案的资产评估报告中所载之标的资产业绩承诺期的预测净利润数额为准确定，届时交易双方将另行签署《业绩承诺及补偿协议》的补充协议。

4. 交易对云南旅游股权结构及经营发展的影响

根据本次重组对注入资产的预估结果测算，本次交易完成前后云南旅游的股权结构如表19-3所示。

表19-3　云南旅游股权结构

股东名称	本次交易前		本次交易后	
	数量(万股)	比例	数量(万股)	比例
世博旅游集团	36,188.40	49.52%	36,188.40	35.84%
华侨城集团	—	—	18,187.71	18.01%

续表

股东名称	本次交易前		本次交易后	
	数量(万股)	比例	数量(万股)	比例
华侨城集团及关联方合计	36,188.40	49.52%	54,376.10	53.86%
李某	—	—	3880.04	3.84%
文某某	—	—	2910.03	2.88%
贾某某	—	—	2910.03	2.88%
其他股东	36,890.86	50.48%	36,890.86	36.54%
合计	73,079.26	100.00%	100,967.07	100.00%

本次交易完成后,云南旅游控股股东世博旅游集团持有云南旅游股份比例下降至35.84%,但仍为第一大股东,且世博旅游集团与云南旅游间接控股股东华侨城集团在本次交易完成后将合计直接持有云南旅游53.86%的股权,云南旅游的间接控股股东和实际控制人仍然分别为华侨城集团和国务院国有资产监督管理委员会,交易前后控制权没有发生变化。

本次交易后,通过置入文旅科技,云南旅游将业务板块延伸至旅游园区策划设计、高科技游乐设备研发生产、工程代建等的同时,利用文旅科技的科技创新能力,以科技为支持,对景区进行优化和改造,实现云南旅游传统旅游模式的转型升级。此外,相关旅游景区的转型升级能够提升云南旅游下属交通运输、酒店管理等综合旅游服务板块的运营效率,增强各业务联动,构建云南旅游旅游服务产业链闭环。

二、案例分析

(一)行权过程

2018年8月10日,投服中心参加了云南旅游重大资产重组媒体说明会,现场向云南旅游提出了三个方面的疑问:一是标的资产估值是否合理;二是经营业绩增长可持续问题;三是关于未公布标的资产盈利预测问题。云南旅游于2018年11月8日召开股东大会审议通过此次重大资产重组事宜。

(二)行权内容分析

1.标的资产估值是否合理

《重组预案》显示,以2018年3月31日为预估基准日,标的资产100%权益的账面净资产为33,368.48万元,预估值为201,580.40万元,预估增值168,211.92万元,增值率为504.10%。标的资产整体变更为股份有限公司时,以2014年9月30日为评估基准日的全部股东权益评估值为52,294.86万元;华侨城集团收购华侨城A所持文旅科技60%股权时,以2016年12月31日评估基准日,标的资产全部股东权益评估值为169,488.60万元;本次重组以2018年3月31日为基准日的预估值为201,580.40万元。标的资产在3年半时间内评估增加约3倍的依据及前后估值差距较大的原因及合理性存疑。

2.经营业绩增长可持续问题

(1)《重组预案》显示,2015年、2016年和2017年标的资产实现的营业收入分别为23,929.77万元、32,730.61万元和41,187.32万元,实现的归属于母公司净利润分别为6,299.16万元、8,672.68万元和15,563.81万元,产品毛利率分别为53.07%、46.33%和63.31%。公司2017年营业收入增长率为25.84%,而净利润增长率却达到了79.46%,二者的增长幅度差异较大且不相匹配。

(2)一般而言,标的资产所处行业的销售与文化科技旅游及娱乐项目的投资有关,不具有明显的季节性特征。以标的资产2018年第一季度经营数据预估,2018年度公司营业收入约2.3亿元,归母净利润约3600万元。则标的资产2018年的营业收入约为2016年及2017年营业收入的70.28%及55.85%,标的资产2018年的归母净利润仅达到了2016年及2017年归母净利润的41.71%及23.13%,公司2018年及后续经营期间业绩持续性存疑。

(3)标的资产客户高度集中影响业绩增长的持续性。根据标的资产2016年年报,2014年、2015年和2016年标的资产对前五大客户的销售占比分别为96.77%、96.38%和97.22%,前五大客户销售金额占比极高,一旦与上述客户的合作出现变故,标的资产持续盈利能力将受损。

3.业绩承诺的可实现性

《重组预案》显示,云南旅游已与交易对手签署了业绩承诺补偿协议,但未披露盈利预测的具体金额。公司尚未披露当前未经审计的盈利预测具体数据,盈利预测的合理性存疑。

案例20　四通股份重大资产置换及发行股份购买康恒环境

2018年8月23日，广东四通集团股份有限公司（以下简称四通股份或上市公司，股票代码为603838）公告了《广东四通集团股份有限公司重大资产置换及发行股份购买资产暨关联交易报告书（草案）》（以下简称《重组草案》），拟通过重大资产置换及发行股份的方式，置入上海康恒环境股份有限公司（以下简称康恒环境或标的公司）100%的股权。

一、案例简介

（一）上市公司基本情况

四通股份成立于1997年，于2015年7月1日在上海证券交易所主板上市交易。发布《重组草案》时，四通股份股价为10.03元/股，总股本为266,680,000股，总市值26.75亿元，在本次交易前，四通股份控股股东、实际控制人蔡某城、蔡某茂、李某香、蔡某锋、蔡某通及其一致行动人蔡某煌、蔡某旬、蔡某烁，持股比例为59.27%。

四通股份属陶瓷制品行业，主营业务为日用陶瓷、卫生陶瓷、艺术陶瓷的研发、设计、生产和销售，主要产品包括卫生陶瓷、日用陶瓷及工艺陶瓷，其最近3年的财务状况和经营成果如表20-1所示。

表 20－1　四通股份基本财务指标　　单位:万元

项目	2017 年 12 月 31 日	2016 年 12 月 31 日	2015 年 12 月 31 日
总资产	78,955.66	78,530.32	72,762.56
总负债	9723.65	11,608.48	10,396.77
股东权益	69,232.02	66,921.84	62,365.79
项目	2017 年	2016 年	2015 年
营业收入	42,129.48	42,047.05	46,500.29
利润总额	4943.77	6920.87	6364.41
净利润	4182.38	5986.24	5469.18

(二)标的公司基本情况

本次重组交易中,购买的标的公司为康恒环境,交易对方为上海磐信昱然环保投资中心(有限合伙)(以下简称磐信昱然)等康恒环境全体股东。康恒环境于2008 年 12 月 4 日在上海成立。股权结构如图 20－1 所示。

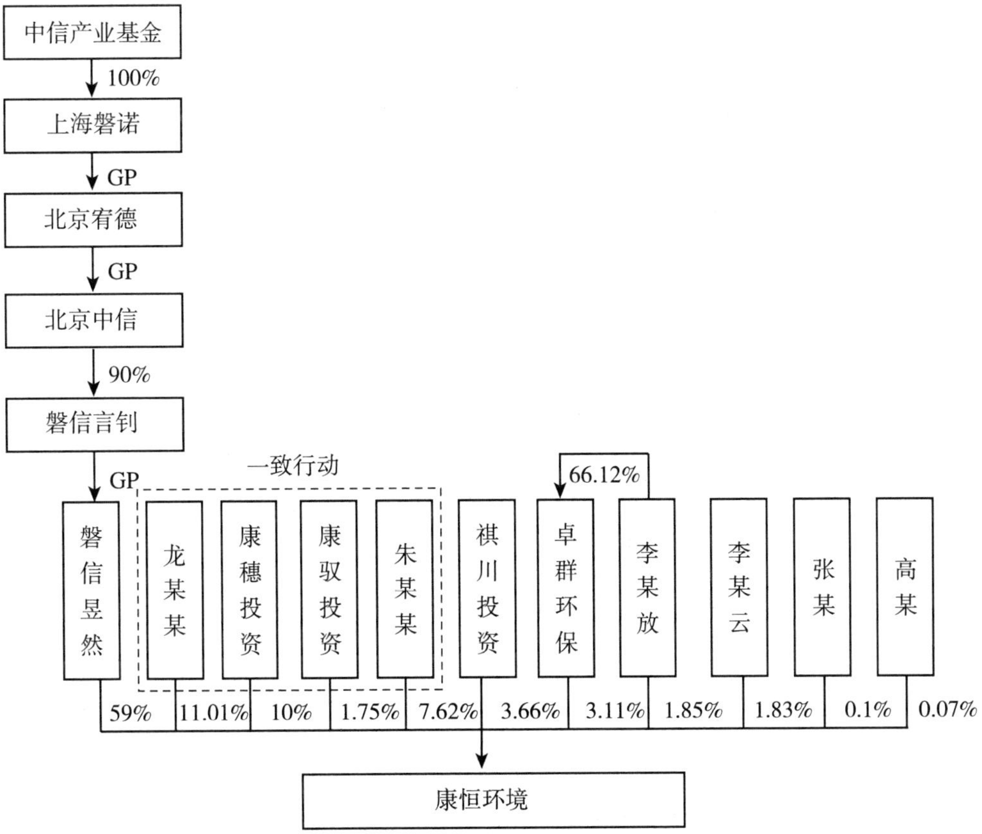

图 20－1　康恒环境股权结构

康恒环境以特许经营的方式从事生活垃圾焚烧发电厂的投资、建设及运营,其最近三年及一期主要财务指标如表 20 - 2 所示。

表 20 - 2　康恒环境主要财务数据

单位:万元

项目	2018 年 3 月 31 日	2017 年 12 月 31 日	2016 年 12 月 31 日	2015 年 12 月 31 日
总资产	454, 391. 22	436, 866. 94	270, 994. 53	91, 074. 67
总负债	262, 089. 50	266, 357. 83	161, 221. 50	31, 246. 55
股东权益	192, 301. 71	170, 509. 11	109, 773. 03	59, 828. 12
项目	2018 年 1 ~ 3 月	2017 年	2016 年	2015 年
营业收入	17, 450. 86	105, 122. 95	74, 027. 92	28, 635. 56
利润总额	2057. 14	22, 199. 94	24, 811. 30	8451. 30
净利润	2020. 57	19, 030. 54	21, 054. 01	7175. 59
归属于母公司股东的净利润	1424. 35	18, 324. 25	21, 089. 94	7204. 84

(三)重大资产重组方案精要

本次交易方案包括重大资产置换、发行股份购买资产和股份转让。前述重大资产置换、发行股份购买资产和股份转让互为前提条件。若任何一项交易因未获得批准或因故无法付诸实施,其他两项交易均不生效或不予实施。本次重组完成后,四通股份的主营业务由日用陶瓷、卫生陶瓷、艺术陶瓷的研发、设计、生产和销售变更为垃圾焚烧发电业务。

1. 重大资产置换

上市公司拟将截至评估基准日除保留资产以外的全部资产与负债作为置出资产,与 11 名交易对方持有的康恒环境 100% 股权中的等值部分进行资产置换。保留资产包括四通股份拥有的现金 0. 4 亿元人民币、瓷土采矿承包经营权形成的其他流动负债和递延收益。

2. 发行股份购买资产

经交易各方协商一致,拟置入资产与拟置出资产交易作价的差额部分由上市公司以发行股份的方式自康恒环境全体股东购买。经交易各方协商一致,本次交易中拟置出资产最终作价 80, 213. 45 万元,拟置入资产最终作价 850, 005. 94 万元,两者差额为 769, 792. 49 万元。

本次发行股份购买资产的定价基准日为上市公司第三届董事会2018年第八次会议决议公告日，本次发行股份购买资产的股份发行价格为9.04元/股，不低于定价基准日前20个交易日股票均价的90%。前述交易均价的计算公式为：定价基准日前20个交易日上市公司股票交易均价=定价基准日前20个交易日上市公司股票交易总额/定价基准日前20个交易日上市公司股票交易总量。

3. 股份转让

上市公司控股股东、实际控制人及其一致行动人向交易对方拟设立的合伙企业转让合计13,334,000股四通股份股票。磐信昱然等11名交易对方同意将与上市公司进行资产置换取得的拟置出资产交由上市公司控股股东、实际控制人及其一致行动人或其指定的第三方承接，作为交易对方拟设立的合伙企业受让13,334,000股四通股份股票的交易对价。

4. 业绩承诺与补偿协议

交易对方就本次交易作出业绩承诺并承担相应的补偿义务，其承诺康恒环境2018年、2019年、2020年（以下简称业绩承诺期）扣除非经常性损益后的归属于母公司所有者的净利润（以下简称扣非净利润）分别不低于50,000万元、70,000万元和90,700万元。

上市公司应在业绩承诺期年度结束后，聘请具有证券业务资格的会计师事务所对康恒环境当期实际扣非净利润出具专项审计报告。如果康恒环境在业绩承诺期截至每个会计年度期末实际净利润（累计数）未能达到承诺净利润（累计数），则补偿义务人应按照《盈利预测补偿协议》约定履行补偿义务。当期补偿义务人应补偿金额=（截至当期期末累积承诺扣非净利润－截至当期期末累积实际扣非净利润）÷业绩承诺期限内各年的承诺扣非净利润总和×标的资产交易作价－累积已补偿金额。

补偿义务人优先以其通过本次交易获得的四通股份的股份进行补偿，当股份补偿总数达到本次发行股份购买资产发行的股份总数的90%后，不足部分可以以现金方式进行补偿。

在业绩承诺期满时，上市公司应聘请具有证券期货业务资格的会计师事务所依照中国证监会的规则及要求，对康恒环境出具《减值测试报告》。如果康恒环境期末减值额>已补偿股份总数×发行股份价格＋已补偿现金数额，则补偿义务人应对上市公司进行补偿,计算公式为:康恒环境减值应补偿的金额=康恒环境期末减值额-承诺年度内已补偿总金额。

5. 交易完成后四通股份股权结构

本次交易完成后,上市公司将持有康恒环境100%的股权,上市公司的控股股东将变更为磐信昱然,由中信产业投资基金管理有限公司(以下简称中信产业基金)控制磐信昱然,但是中信产业基金无实际控制人,从而致使上市公司也无实际控制人。

二、案例分析

(一)行权过程

2018年9月14日,投服中心参加四通股份重大资产重组媒体说明会,现场向四通股份及标的公司提出三个方面的问题:一是标的公司成长能力是否高估;二是标的公司扩张速度是否过快;三是标的公司预测毛利率过高是否合理。最终,四通股份于2019年3月5日宣布终止本次重组。

(二)行权内容分析

1. 标的公司成长能力是否高估

《重组草案》显示,康恒环境2017年营业收入10.51亿元,预测2018~2020年3年的营业收入分别为34.49亿元、56.28亿元和66.50亿元,营收增长率分别为228.14%、63.16%和18.16%,根据东兴证券统计,固废板块行业平均业绩增速约为24%,这种远超出行业平均增速的营收规模的可实现性和合理性存疑。

2. 标的公司扩张速度是否过快

《重组草案》显示,康恒环境营业收入增长依赖于其新增项目的投产。拥有17个垃圾焚烧发电项目,其中已运营项目2个、在建项目9个、筹建项目6个,2017年新增规模处于行业第一位;已经获得5个生物质发电项目,其中在建项目2个、筹建项目3个。根据《重组草案》中对标的公司未来发电收入的预测,截至2019年将有10个新增项目投产,2020年又新增7个项目投产。意味着需要在短时间内建成17个项目。根据《重组草案》中对资本性支出的预测,2018年4~12月投资合计60.46亿元,2019年支出合计50.23亿元,加上2020年的数据,则年合计支出高达127.54

亿元。标的公司同时开工众多项目、扩张速度以及资金供应是否充足存疑。同时，对于在建项目具体进展以及能否如期完工并投产也未在《重组草案》中披露。

3. 标的公司预测毛利率过高是否合理

《重组草案》显示，康恒环境2017年垃圾焚烧站运营服务毛利率为46.97%，2018年第一季度毛利率较2017年下降0.98个百分点，为45.99%。通过与垃圾焚烧上市公司平均毛利率40.59%进行比较，康恒环境垃圾焚烧发电运营业务毛利率略高于行业平均水平，而在收益法预测下，康恒环境2018年4~12月、2019~2023年垃圾焚烧发电运营业务平均毛利率为52.54%，远高于行业平均水平。康恒环境目前有珠海、宁波两个项目在运行，其中宁波项目2019~2023年毛利率预测数均达到58%左右，请公司说明宁波项目毛利率预测数远高于历史数据及行业平均数的原因。此外，以2019年预测数为例，青岛、黄岛项目毛利率预测数分别为57.37%和53.71%，远高于标的公司除宁波项目以外的其他项目，该两项毛利率预测的合理性存疑。

案例21　紫光学大发行股份及支付现金购买天山铝业

2018年10月9日，厦门紫光学大股份有限公司（以下简称紫光学大，股票代码为000526）公告了《厦门紫光学大股份有限公司发行股份及支付现金购买资产暨关联交易预案（修订稿）》（以下简称《重组预案》），拟通过发行股份及支付现金的方式购买石河子市锦隆能源产业链有限公司（以下简称锦隆能源）等18名交易对方合计持有的新疆生产建设兵团第八师天山铝业股份有限公司（以下简称天山铝业或标的公司）100%的股权。交易完成后，天山铝业成为上市公司的全资子公司，锦隆能源等18名交易对方成为上市公司的股东。

一、案例简介

（一）上市公司基本情况

紫光学大成立于1992年，于1993年11月1日在深圳证券交易所主板上市交易。2018年10月8日，紫光学大股价为28.18元/股，总股本为96,195,107股，总市值27.11亿元，在本次交易前，紫光学大控股股东为西藏紫光卓远股权投资有限公司（以下简称紫光卓远），持股比例为15.59%，实际控制人为清华控股有限公司（以下简称清华控股），最终实际控制人为教育部。

紫光学大原主营游乐设备综合服务和物业租赁业务。2015年公司实现营业收入2506.54万元，同比增长33.29%，主要为游乐设备综合服务和物业租赁收入。2016年上半年，公司完成了对学大教育集团的收购，公司的主营业务转型为教育培训服务。其最近3年的财务状况和经营成果如表21－1所示。

表 21－1　紫光学大基本财务指标　　单位：万元

项目	2017 年 12 月 31 日	2016 年 12 月 31 日	2015 年 12 月 31 日
总资产	358,513.39	344,138.67	33,535.90
总负债	351,962.42	339,666.03	19,120.80
股东权益	6550.97	4472.65	14,415.10
项目	2017 年	2016 年	2015 年
营业收入	281,159.23	130,685.33	2506.54
利润总额	7279.32	－11,350.61	－1043.18
净利润	2258.00	－10,088.76	－1347.61

（二）标的公司基本情况

本次重组交易中，购买的标的公司为天山铝业，交易对方为锦隆能源等 18 名交易对方。

天山铝业于 2010 年 9 月 14 日在新疆成立。截至《重组预案》签署日，金龙能源持有天山铝业总股本的 36.64%，为天山铝业控股股东。曾某懿和曾某林直接和间接合计持有天山铝业总股本的 58.18%，为天山铝业实际控制人。天山铝业股权结构如图 21－1 所示。

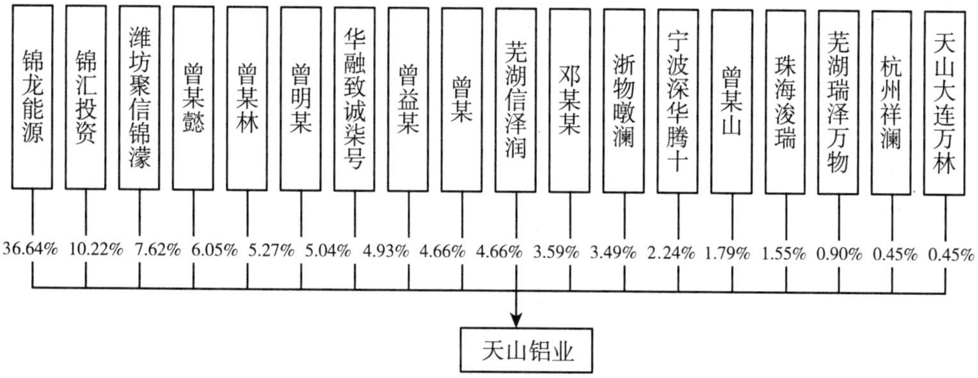

图 21－1　天山铝业股权结构

天山铝业主营业务为原铝、铝深加工产品及材料、预焙阳极、高纯铝、氧化铝的生产和销售。其最近两年及一期主要财务指标如表 21－2 所示。

表 21 – 2　天山铝业主要财务数据

单位:万元

项目	2016 年 1 月 31 日	2015 年 12 月 31 日	2014 年 12 月 31 日
总资产	54,362.41	36,107.78	25,424.96
总负债	49,487.62	31,440.28	20,694.05
股东权益	4874.79	4667.50	4730.91
项目	2016 年 1 月	2015 年	2014 年
营业收入	1582.47	11,780.78	4740.53
营业利润	187.70	–175.64	–474.21
利润总额	188.42	–189.77	–473.87
净利润	188.23	–162.43	–331.05

(三)重大资产重组方案精要

本次交易上市公司拟通过发行股份及支付现金的方式购买锦隆能源等 18 名交易对方合计持有的天山铝业 100% 股权。交易完成后,天山铝业成为上市公司的全资子公司,锦隆能源等 18 名交易对方成为上市公司的股东。

1. 估值与交易对价

以 2017 年 12 月 31 日为预估基准日,采用收益法估值,标的资产天山铝业 100% 股权的预估值为 236 亿元,本次交易天山铝业 100% 股权的初步作价为 236 亿元。

2. 股票发行价格

本次交易采用发行股份及支付现金方式,发行股份定价基准日为上市公司第八届董事会第三十三次会议决议公告日。本次发行股份的价格为 25.05 元/股,不低于定价基准日前 20 个交易日上市公司股票均价的 90% 。上市公司向天山铝业全体股东预计发行股份的数量为 939,121,750 股。

3. 业绩承诺与补偿协议

天山铝业全体股东就本次交易作出业绩承诺并承担相应的补偿义务,其承诺天山铝业 2018 年、2019 年、2020 年实现的合并报表扣除非经常性损益后归属于母公司股东的净利润分别不低于 13.36 亿元、18.54 亿元和 22.97 亿元。若天山铝业任何一年的实际实净利润数低于承诺净利润数,补偿义务人应将差额部分向上市公司进行补偿。

当期应补偿金额=(截至当期期末累积承诺净利润数－截至当期期末累积实际净利润)÷承诺年度内各年的承诺净利润总和×标的资产交易价格－累积已补偿金额。补偿义务人优先以获得的上市公司股份履行补偿义务,补偿股份数不低于本次发行股份数的90%,不足部分以现金补偿。

4. 交易完成后紫光学大的股权结构

《重组预案》披露,股权转移前紫光学大的控股股东为紫光卓远,公司实际控制人为清华控股,教育部为公司最终实际控制人;本次重组上市交易完成后,上市公司的控股股东变更为锦隆能源,其将持有上市公司33.05%股份,上市公司实际控制人变更为曾某懿、曾某林,曾某懿、曾某林及其一致行动人将直接和间接共计持有上市公司70.31%股份。

二、案例分析

(一)行权过程

2018年10月11日,投服中心参加紫光学大重大资产重组媒体说明会,现场向紫光学大提出三个方面的问题:一是天山铝业预计收入的可实现性;二是在建项目对盈利预测的影响;三是承诺业绩增长的可实现性。最终,紫光学大于2019年2月18日终止了这次重组。

(二)行权内容分析

1. 标的公司预计收入能否实现

天山铝业主要销售方式为长单和零散销售,根据公司披露信息,本次预评估中,预计天山铝业2018年将实现销售收入约为220.56亿元,其中,2018年1~9月预计实现销售收入约为169亿元,但2018年1~9月长单和零散销售所占收入的比例并未说明。2018年10~12月天山铝业预计长单订单将实现收入约为26.60亿元,进而2018全年能够确定的销售金额预计为195.60亿元,占全年预计收入220.56亿元的88.68%,尚余缺口24.96亿元,2018年第四季度天山铝业能否实现预计销售收入具有不确定性。根据《重组预案》,天山铝业目前执行的长单合约多为2017年年底或2018年年初签订,长单订单多为1~2年期,因此,当前在手订单对2019年和2020年的预计收入覆盖比例较低。而天山铝业2018年新增订单情况及其对以后期间收入覆盖的具体情况并不明确。

2. 标的资产在建项目对盈利预测的影响

《重组预案》显示,天山铝业致力打造完整产业链的综合铝业集团,除电解铝、预焙阳极、铝深加工、发电业务外,向产业上游及下游拓展。目前天山铝业在建项目共有3个,分别为新疆石河子高纯铝项目、新疆阿拉尔市预焙阳极项目和广西靖西氧化铝项目。但以上3个在建项目截至目前的具体进展及各项目的预计完工投产时间尚未披露,在盈利预测过程中以上在建项目对收入、净利润的影响数具有不确定性。

3. 标的资产承诺业绩增长的可实现性

根据《盈利预测补偿协议》的披露,天山铝业全体股东承诺2018年、2019年和2020年标的公司实现的扣除非经常性损益后归属于母公司所有者的净利润分别为不低于13.36亿元、18.54亿元和22.97亿元。2018年上半年,天山铝业毛利率为11.88%,较上年下降3.84个百分点。根据Wind数据,2018年以来原材料氧化铝价格持续上涨,而产品铝锭价格存在波动,并未有明显上升趋势,毛利空间遭受压缩。2018年上半年,天山铝业实现归母净利润为4.80亿元,较业绩承诺差距较大,且铝行业无明显季节性特征,天山铝业实现2018年承诺业绩存疑。

根据《重组预案》披露的数据显示,2018～2020年中国原铝市场消费量对比前3年增速放缓,分别为6.1%、6.7%及6.6%。但承诺期间扣非归母净利润年复合增长率超过30%,天山铝业实现承诺业绩高速增长存在疑问。

案例22　闻泰科技发行股份及支付现金购买安世集团

2018年9月17日，闻泰科技股份有限公司（以下简称闻泰科技，股票代码为600745）公告了《重大资产购买暨关联交易报告书（草案）》（以下简称《报告书草案》），拟通过受让合肥芯屏产业投资基金（有限合伙）（以下简称合肥芯屏）持有的合肥广芯半导体产业中心（有限合伙）（以下简称合肥广芯）约49.37亿元财产份额间接持股Nexperia Holding B.V（以下简称安世集团）。2018年10月25日，闻泰科技公告了《发行股份及支付现金购买资产并募集配套资金暨关联交易意向性预案》（以下简称《意向性预案》），公司后续拟通过发行股份及支付现金购买资产的方式间接持有安世集团的控制权。

一、案例简介

（一）上市公司基本情况

闻泰科技的前身黄石服装股份有限公司成立于1990年1月，于1996年8月28日在上海证券交易所上市交易。发布《报告书草案》时，闻泰科技股价为30.48元/股，总股本63,727万股，总市值194.24亿元。公司控股股东拉萨经济技术开发区闻天下投资有限公司（以下简称闻天下）持有上市公司24.16%的股权。公司实际控制人为张某某，其个人直接持有上市公司5.81%的股权，通过100%持股的闻天下间接持有上市公司24.16%的股权，故张某某合计控制上市公司29.96%的股权。

闻泰科技主营业务为移动终端、智能硬件、笔记本电脑、虚拟现实、车联网、汽车电子等物联网领域产品的研发和制造，主要提供的产品为移动通信整机及移动通信设备等移动通信产品,其中以智能手机为主。其近两年及一期主要财务数据和财务指标(合并报表口径,最近两年财务数据经审计,2018 年 1 ~6 月财务数据未经审计)如表 22 –1 所示。

表 22 –1　闻泰科技基本财务指标

单位:万元

项目	2018 年 6 月 30 日	2017 年 12 月 31 日	2016 年 12 月 31 日
总资产	1, 421, 151. 11	1, 091, 535. 28	1, 287, 983. 78
总负债	1, 073, 260. 86	724, 951. 29	777, 309. 89
所有者权益	347, 890. 24	366, 583. 99	510, 673. 89
项目	2018 年 1 ~6 月	2017 年	2016 年
营业收入	542, 644. 47	1, 691, 623. 22	1, 341, 691. 35
利润总额	–17, 055. 99	37, 891. 57	25, 146. 03
净利润	–17, 730. 89	32, 938. 68	4798. 15

(二)标的公司基本情况

《报告书草案》披露,本次交易标的为合肥芯屏所持有的合肥广芯 493, 664. 63 万元的财产份额,目标资产为安世集团股权,合肥广芯是为持有目标公司安世集团股权而设立的特殊目的公司,除间接持有安世集团股权外,不存在其他业务。《意向性预案》披露,本次交易中,上市公司拟通过发行股份及支付现金的方式实现对目标公司安世集团的间接控制。

安世集团是半导体标准器件供应商,专注于分立器件、逻辑器件及 MOSFET 器件的设计、生产、销售,其产品广泛应用于汽车、工业与能源、移动及可穿戴设备、消费及计算机等领域,总部位于荷兰奈梅亨。安世集团前身为 NXP Semiconductors N. V. (以下简称恩智浦)的标准产品事业部,拥有 60 多年的半导体行业经验,于 2017 年年初开始独立运营,恩智浦 2016 年将标准产品业务中剥离至安世集团。

根据安世集团的股权结构,境内基金持有合肥裕芯控股有限公司(以下简称合肥裕芯)100% 的股权,合肥裕芯和境外基金持有裕成控股有限公司(以下简称裕成控股)100% 的股份,裕成控股持有安世集团 100% 的股份,安世集团持有 Nexperia B. V(以下简称安世半导体)100% 的股份,具体股权结构如图 22 –1 所示。

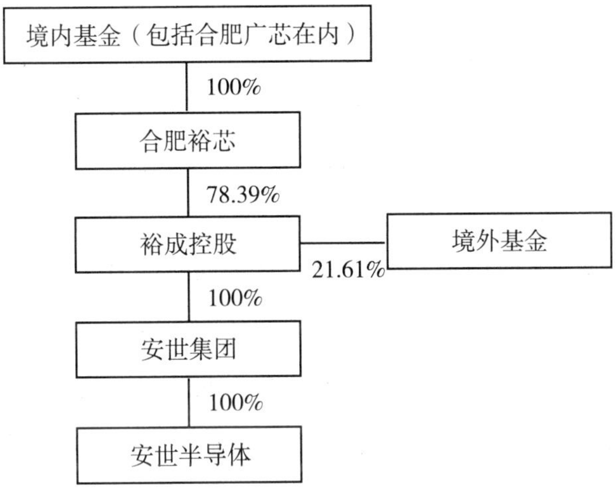

图 22－1 安世集团股权结构

鉴于安世集团成立时间较短且于 2017 年 2 月 7 日完成对安世半导体的收购，为了向财务报告使用者提供更有价值的信息，安世集团编制了最近 2 年的模拟汇总财务报表，如表 22－2 所示。

表 22－2 安世集团基本财务指标　　单位：万元

项目	2017 年 12 月 31 日	2016 年 12 月 31 日
总资产	2,239,213.33	2,114,071.23
总负债	824,543.81	724,510.21
所有者权益	1,414,669.52	1,38,9561.02
项目	2017 年	2016 年
营业收入	944,331.89	773,876.18
净利润	81,889.35	80,296.66

（三）重大资产重组方案精要

1. 交易对方及标的资产

《报告书草案》披露，本次交易的交易对方为合肥芯屏，标的资产为合肥芯屏持有的合肥广芯 493,664.63 万元人民币财产份额。标的公司合肥广芯成立于 2016 年 5 月 6 日，目前无实际经营业务，其主要资产为持有合肥裕芯 42.94% 的股权。合肥裕芯间接持有裕成控股 78.39% 的股份，裕成控股持有安世集团 100% 的股份，安世集团持有安世半导体 100% 的股份。

2. 估值及交易价格

《报告书草案》披露,合肥市产权交易中心受合肥芯屏委托,2018年3月15日发布公告,对所持的合肥广芯493,664.63万元人民币财产份额进行公开转让。经过合肥市产权交易中心组织的市场化竞拍流程,闻泰科技的下属公司合肥中闻金泰半导体投资有限公司(以下简称合肥中闻金泰)牵头组成的联合体参与了上述公开转让的竞拍并竞拍成功,成交金额为114.35亿元人民币。本次交易中,闻泰科技子公司上海中闻金泰资产管理有限公司(以下简称上海中闻金泰)拟对合肥中闻金泰增资58.525亿元(其中50亿元为现金出资,8.525亿元为债权出资)用于支付标的资产第二笔转让价款,取得对合肥中闻金泰的控股权,并由合肥中闻金泰完成标的资产收购。

3. 后续发行股份及支付现金购买资产

《意向性预案》披露,上市公司拟通过发行股份及支付现金的方式实现对目标公司安世集团的间接控制。在境内,上市公司拟通过发行股份及支付现金的方式分别收购合肥裕芯的12名股东(12支境内基金)之上层出资人的有关权益份额。在境外,上市公司境外关联方拟通过支付现金的方式收购境外基金普通合伙人(General Partner,GP)拥有的全部财产份额和相关权益。就境外基金的有限合伙人(Limited Partner,LP)份额,在上市公司取得对安世集团的控制权后,上市公司境外关联方拟通过支付现金的方式收购或回购境外基金之LP拥有的全部财产份额。

上市公司拟向全体交易对方以发行股份及支付现金相结合的方式购买其持有的标的资产,交易对价184.49亿元。上市公司拟以现金方式支付交易对价100.08亿元,包括以募集配套资金向境内外GP支付11.22亿元(上市公司为取得境内外GP拥有的财产份额和相关权益以及服务而支付的现金总对价为32.11亿元)、以募集配套资金向境内LP支付32.54亿元(上市公司支付给境内LP现金总对价为35.82亿元)、向境外LP支付8.235亿美元(假设汇率按照人民币兑美元汇率6.8389:1计算,折合56.32亿元人民币)。上市公司拟以发行股份的方式支付交易对价84.41亿元,总计发行股份数为342,014,850股。本次发行股份购买资产定价基准日为闻泰科技第九届董事会第三十四次会议决议公告日,发行价格为24.68元/股,不低于定价基准日前60个交易日股票交易均价的90%。

二、案例分析

（一）行权过程

2018年11月7日，投服中心参加了闻泰科技重大资产重组媒体说明会。现场，投服中心针对本次交易高杠杆收购的影响以及目标公司未来经营情况提出了问询。《报告书草案》涉及的交易已于2018年12月24日通过股东大会审议。2019年2月28日，合肥广芯493，664.63万元财产份额已过户至合肥中闻金泰名下。《意向性预案》涉及的交易截至2019年5月31日仍未完成。

（二）行权内容分析

1.关于高杠杆收购的影响

《报告书草案》披露，以闻泰科技下属合肥中闻金泰牵头的联合体通过竞拍取得合肥芯屏持有的合肥广芯约49.37亿元财产份额，转让价款为114.35亿元，合肥广芯的主要资产为持有合肥裕芯42.94%的股权，合肥裕芯间接持有裕成控股78.39%的股份，裕成控股持有安世集团100%的股份，安世集团持有本次交易的核心资产安世半导体100%的股份。此次交易中，上海中闻金泰拟对合肥中闻金泰增资58.525亿元用于支付标的资产第二笔转让价款，其中上市公司拟通过获得约50亿元人民币并购借款作为部分支付款项。此外，《意向性预案》披露，上市公司后续拟通过发行股份及支付现金购买资产的方式间接持有安世集团的控制权。其中以发行股份的方式支付交易对价84.41亿元，以现金支付交易对价100.08亿元，募集配套资金不超过46.3亿元，拟获得境外并购贷款约8.235亿美元，折合56.32亿元人民币。综上所述，上市公司为取得安世集团控制权拟进行的两次重大资产重组的涉及金额合计为243.015亿元，其中拟以现金支付的对价为150.08亿元，上市公司拟取得并购借款合计约为106.32亿元。

根据《报告书草案》的披露，境内50亿元并购借款假设于5年内还清，其还款来源为上市公司的自身盈利和目标公司的盈利分红，但上市公司2017年实现的净利润仅为3.35亿元，2018年前三季度实现亏损1.61亿元，对于偿还借款本息的贡献较小。目标公司安世集团2016年和2017年实现的净利润分别为8.03亿元和8.19亿元，但是，由于安世集团前次收购安世半导体时的部分资金源于银团长期贷款,2017年年末安世集团一年内到期的非流动负债约为13.10亿元,长期借款为38.87亿元。安世集团控制权变更后,银团贷款可能被要求提前偿还,在安世集团自身存在上述还款压力的情况下,上市公司是否能从安世集团获得足够的盈利分红进而偿还借款本息存疑。此外,上市公司未披露境外借款的还款计划,若同为5年还清,则每年需偿还超过20亿元的本金,上市公司不具备相应偿还能力;若延长还款期限,例如,假设安世集团大部分净利润均用于偿还上市公司并购借款,或假设每年偿还本金10亿元,不考虑安世集团自身借款的情况下,全部并购借款需要超过10年偿还完毕。届时行业技术水平、竞争格局等均可能发生较大变化,目标公司的竞争优势也可能不复存在,进而在还款完毕后上市公司能够从目标公司获得的收益存在不确定性。较长的还款期限导致较大的不确定性,上市公司高额举债收购目标公司可能过于激进。

根据《报告书草案》和《意向性预案》的披露,境内50亿元并购借款预计每年将产生利息费用3.68亿元人民币,境外56.32亿元并购贷款预计每年将产生利息费用约3.38亿元人民币,上述利息费用合计超过人民币7亿元/年。该利息费用是上市公司按照境内7.35%、境外6.00%的假设利率计算得出,但资料显示,云南城投向合肥中闻金泰提供的10亿元借款在超过6个月以后的利率为12%,远高于前述假设利率,若上市公司无法取得假设中的低利率则会产生更多的利息费用。上市公司目前接触的并购贷款的资金成本与上述假设利率相比有明显差距。

2.关于目标公司未来经营情况

安世半导体的前身是荷兰公司恩智浦集团的标准产品业务,于2017年2月由北京建广资产管理有限公司和Wise Road Capital LTD通过安世集团完成收购。安世半导体的销售网络覆盖全球,客户涵盖全球各地的众多大型公司,《意向性预案》披露,取得安世集团控制权的交易需通过美国外国投资委员会(The Committee on Foreign Investment in the United States,CFIUS)的安全审查,为满足审核要求,可能采取的措施包括但不限于调整或处置安世半导体在美国的业务。相关资料未披露安世半导体在美国的业务占比,若后续处置了安世半导体在美国的业务,将对安世半导体的盈利能力和竞争力产生的影响存疑。

《报告书草案》披露,半导体行业竞争者众多,标准产品差异性较小,行业供应商面对下游终端厂商的议价能力相对较低。恩智浦2016年年度报告显示,其标准产品处于世界领先地位，但其产品除领先的分立器件解决方案外还包括应用多种接受度较高的技术（using widely-known production techniques）生产的标准化产品，其主要竞争力体现在成本优势、产品组合的丰富性和覆盖全球的分销体系及销售网络等方面。通过安世半导体官网提供的网站链接查询，安世半导体的产品单价较低，可见安世半导体主要靠规模销售实现大额盈利。因此，仍需了解安世半导体的技术水平与国内厂商的水平差异如何。半导体行业的快速发展和电子产品的频繁更新换代，使相关公司必须不断加快技术研发和新产品开发步伐。在我国大力发展相关行业的现状下，安世半导体存在被国内企业生产的产品替代的风险。

恩智浦的年度报告数据显示，2015 年恩智浦的标准产品实现收入为 12.41 亿美元，同比下降 2.7%，2016 年实现收入为 12.2 亿美元，同比下降 1.7%。同时，恩智浦估计 2015 年至 2019 年，除射频和微波以外的分立器件市场（the market for discretes，excluding RF & Microwave）的年复合增长率约为 4%，标准逻辑器件市场（the worldwide Standard Logic market）的年复合增长率为 1.1%，由此可见恩智浦的标准产品部已进入成熟阶段。而根据披露的安世集团模拟利润表计算，2017 年安世半导体独立后，实现收入同比增长了 22%，但同期净利润增长仅为 1.98%，营业收入大幅增长的原因及该增长持续性尚需进一步了解，营业收入与净利润增长不匹配的原因不明。

案例23　霞客环保重大资产置换及发行股份购买协鑫智慧能源

2018年11月6日，江苏霞客环保色纺股份有限公司（以下简称霞客环保，股票代码为002015）公告了《重大资产置换及发行股份购买资产暨关联交易预案》（以下简称《重组预案》），拟通过重大资产置换及发行股份购买资产的方式购买上海其辰投资管理有限公司（以下简称上海其辰）、成都川商贰号股权投资基金中心（有限合伙）（以下简称成都川商贰号）、江苏一带一路投资基金（有限合伙）（以下简称江苏一带一路）、苏州工业园区秉颐清洁能源合伙企业（有限合伙）（以下简称秉颐有限合伙）（上海其辰、成都川商贰号、江苏一带一路和秉颐有限合伙以下统称交易对方）持有的协鑫智慧能源股份有限公司（以下简称协鑫智慧能源）合计90%的股份（以下简称标的资产）。

一、案例简介

（一）上市公司基本情况

霞客环保成立于1992年，于2004年7月8日在深圳证券交易所中小企业板上市交易。发布《重组预案》时，霞客环保股价为5.27元/股，总股本为400,703,825股，总市值21.12亿元。在本次交易前，上市公司第一大股东为协鑫科技控股有限公司（以下简称协鑫科技），持股比例为21.51%，上市公司实际控制人为朱某某。

霞客环保主要从事废弃聚酯的综合处理，有色聚酯纤维及色纺纱线的研发、生产和销售，其最近三年及一期的财务状况和经营成果如表23－1所示。

表23-1　霞客环保基本财务指标　　单位:万元

项目	2018年6月30日	2017年12月31日	2016年12月31日	2015年12月31日
总资产	33,414.63	33,598.98	30,976.74	35,717.15
总负债	1988.07	2260.66	2023.55	2773.53
归属于母公司所有者权益	29,788.58	29,731.59	28,953.18	32,943.62
项目	2018年1~6月	2017年	2016年	2015年
营业收入	20,846.39	40,989.90	37,974.14	39,318.16
利润总额	196.23	965.26	-4124.19	10,874.22
净利润	88.24	865.13	-4124.19	10,874.22

(二)标的公司基本情况

本次重组的标的公司为协鑫智慧能源,拟置入资产为协鑫智慧能源90%的股权,交易对方为上海其辰、成都川商贰号、江苏一带一路、秉颐清洁能源。

保利协鑫有限公司(协鑫智慧能源的前身)于2009年6月由智能投资有限公司、璟轩有限公司、宏成投资有限公司和朗运国际有限公司出资设立,后经多次增资、股权转让,于2017年8月整体变更为股份有限公司,股东变更为上海其辰、潍坊聚信锦振投资管理合伙企业(有限合伙)(以下简称潍坊聚信锦振)、成都川商贰号、江苏一带一路。2018年10月26日,上海其辰与秉颐清洁能源签署《股权转让协议》,上海其辰将其所持有的协鑫智慧能源5%股份转让给秉颐清洁能源。截至《重组预案》签署日,本次股权转让正在办理工商变更。股权转让完成后,协鑫智慧能源的股东变更为上海其辰、潍坊聚信锦振、成都川商贰号、江苏一带一路和秉颐清洁能源,股权份额分别为75.00%、10.00%、5.00%、5.00%和5.00%。

协鑫智慧能源主要专注于清洁能源项目的开发、投资和运营管理,以及相关领域的综合能源服务,主要包括燃机热电联产、风力发电、垃圾发电、生物质发电、燃煤热电联产等。其最近三年及一期的主要财务数据如表23-2所示。

表23-2　协鑫智慧能源主要财务数据　　单位:万元

项目	2018年6月30日	2017年12月31日	2016年12月31日	2015年12月31日
总资产	1,900,707.94	1,679,261.84	1,440,972.42	1,220,499.05
总负债	1,357,609.50	1,161,917.34	899,396.39	755,968.31
所有者权益	543,098.44	517,344.49	541,576.03	464,530.74

续表

项目	2018年1~6月	2017年	2016年	2015年
营业收入	411,086.09	764,032.17	721,488.86	818,155.34
利润总额	54,011.15	74,616.26	95,712.93	102,290.31
净利润	35,265.31	48,797.98	63,863.36	78,300.93

(三)重大资产重组方案精要

霞客环保本次重组共包括重大资产置换和发行股份购买资产两部分:(1)霞客环保以其持有的截至评估基准日除保留资产之外的其他全部资产与负债作为拟置出资产,与标的资产中上海其辰持有的协鑫智慧能源75%股权的等值部分进行置换;(2)对于拟置出资产和标的资产的差额部分,霞客环保以非公开发行股份方式向交易对方购买。

1.重大资产置换

霞客环保拟将截至评估基准日除保留资产以外的全部资产与负债作为置出资产,与标的资产中上海其辰持有的协鑫智慧能源75%股权的等值部分进行置换。以2018年6月30日为评估基准日,本次交易拟置出资产的预估值为26,900.00万元,本次交易标的资产的预估值为470,520.00万元。置出资产、标的资产的最终交易价格以具有证券期货业务资格的评估机构出具的相关评估报告载明的评估价值为依据,由交易各方协商确定。

2.发行股份购买资产

本次交易中,拟置出资产的初步作价为26,900.00万元,标的资产的初步作价为470,520.00万元,上述差额443,620.00万元由上市公司以发行股份的方式向上海其辰、成都川商贰号、江苏一带一路及秉颐清洁能源购买。本次发行股份购买资产的定价基准日为上市公司第六届董事会第四次会议决议公告日,发行股份购买资产的股份发行价格为4.62元/股,不低于定价基准日前20个交易日股票均价的90%(4.6171元/股)。按照置入资产作价超过置出资产作价的差额部分443,620.00万元计算,本次发行股份购买资产的股份发行数量为960,216,448股。

3.业绩承诺与补偿协议

上海其辰承诺本次重大资产重组实施完毕后,协鑫智慧能源在2018年、2019年和2020年实现的合并报表范围扣除非经常性损益后归属于母公司所有者的净利润分别不低于20,029万元、37,699万元和59,471万元。若本次重大资产重组无法在2018年内实施完毕,则业绩承诺期延续至2021年,即上海其辰承诺协鑫智慧能源在2018年、2019年、2020年和2021年实现的合并报表范围扣除非经常性损益后归属于母公司所有者的净利润分别不低于20,029万元、37,699万元、59,471万元和61,313万元。

若协鑫智慧能源在业绩承诺期内累计实际实现的合并报表范围扣除非经常性损益后归属于母公司所有者的净利润低于累计承诺净利润,则上海其辰应首先以通过本次交易取得的上市公司股份进行补偿;前述股份不足补偿的,由上海其辰以从二级市场购买或其他合法方式取得的上市公司股份进行补偿。股份补偿总数达到本次发行股份购买资产的发行股份总数的90%后仍需进行补偿的,上海其辰将自主选择采用现金或股份的形式继续进行补偿,直至覆盖上海其辰应补偿的全部金额。上海其辰累积补偿的总金额不超过标的资产的交易作价。

在利润补偿期满时,上市公司应聘请具有证券业务资格的会计师事务所依照相关规则及要求,对标的资产出具《减值测试报告》。若标的资产期末减值额>业绩补偿义务人已补偿的现金额+业绩补偿义务人已补偿股份总数×本次发行股份购买资产的股份发行价格(如在业绩承诺期内上市公司有实施送股、资本公积转增股本、配股、现金分红派息等事项,该价格进行相应调整),则业绩补偿义务人将另行进行补偿。

4.交易完成后霞客环保股权结构

重组前,上市公司第一大股东为协鑫科技,实际控制人为朱某某。本次交易完成后,上市公司的控股股东为上海其辰,持有上市公司58.08%的股份,同时,协鑫科技、秉颐清洁能源作为上海其辰一致行动人将分别持有上市公司6.33%、4.16%的股份。上海其辰及协鑫科技实际控制人均为朱某某,秉颐清洁能源实际控制人为朱某某一致行动人朱钰某。所以,本次交易完成后,上市公司实际控制人仍为朱某某,朱某某及其一致行动人合计控制上市公司68.58%的表决权。本次交易完成后的股权结构如表23-3所示。

表23-3　本次重组前后上市公司股权结构

股东名称	本次交易前		本次交易后	
	持股数量(股)	持股比例(%)	持股数量(股)	持股比例(%)
协鑫科技	86,204,109	21.51	86,204,109	6.33
上海其辰	—	—	790,476,190	58.08
成都川商贰号	—	—	56,580,086	4.16
江苏一带一路	—	—	56,580,086	4.16
秉颐清洁能源	—	—	56,580,086	4.16
其他股东	314,499,716	78.49	314,499,716	23.11
合计	400,703,825	100	1,360,920,273	100

二、案例分析

(一)行权过程

2018年11月15日,投服中心参加霞客环保重大资产重组媒体说明会,现场向霞客环保提出两个方面的问题:一是重组标的公司的未来盈利能力;二是标的公司预测业绩大幅增长的合理性。2019年5月9日,霞客环保公告本次重组获得证监会核准。

(二)行权内容分析

1.标的公司的未来盈利能力

《重组预案》披露,标的公司协鑫智慧能源的主要产品为电力和蒸汽,其主营业务收入主要源于华东地区,其中以江苏、浙江为收入主要来源地。

首先,《重组预案》显示,协鑫智慧能源控股的下属电厂总装机容量为2458MW,其中燃机热电联产装机容量为1872MW。而苏州蓝天燃机、苏州北部燃机、无锡蓝天燃机合计装机容量为1080MW。2015年至2017年江苏省热电联产机组的年平均利用小时数为5786小时、5608小时和5716小时。协鑫智慧能源于2018年1月提交给证监会的招股说明书披露,2015年、2016年和2017年前三季度苏州蓝天燃机项目机组的年平均利用小时数为4921小时、5199小时和3729小时;苏州北部燃机项目机组的年平均利用小时数为4436小时、5001小时和3887小时;

无锡蓝天燃机项目机组的年平均利用小时数为675小时、3701小时和3684小时。这3个项目的发电机组年平均利用小时数均低于江苏省平均水平。以上项目的发电机组年利用小时数低于江苏省平均利用小时数的原因不明。此外,标的公司燃机发电收入占电力销售收入的50%以上,若电厂发电机组利用小时数下降,将直接影响电厂的生产经营及盈利能力。需了解相关项目的发电机组年利用小时数长期较低对公司未来的盈利能力影响及相应的应对措施。

其次,招股说明书披露,燃煤发电与燃机发电是标的公司营业收入的主要来源,而煤炭、天然气则是标的公司的主要原料。2014年至2017年第三季度,燃煤发电的毛利率分别为25.24%、34.58%、24.38%和4.04%,燃机发电的毛利率分别为15.53%、15.65%、20.80%和18.15%,主营业务的毛利率波动较大。招股说明书显示,2014年燃料成本每提高1%、3%和5%对公司主营业务毛利率变动绝对额的影响分别为-0.36%、-1.08%和-1.80%,2015年及2016年相应的变动额绝对值都有所提高,2017年第三季度分别变为-0.68%、-2.04%和-3.40%。结合《重组预案》选取的秦皇岛港动力末煤(Q5500)与全国液化天然气LNG价格,并查阅万得数据库可知,2015年以来的煤炭与天然气价格波动较大。其中,煤炭价格从2015年年初开始下降,在2015年11月下降至351元/吨左右。此后,煤炭价格开始上涨,2017年以后一直保持在550元/吨以上,2018年10月以来已上涨到640元/吨以上。而天然气价格从2015年年初开始下降,至2016年6月底下降到2728元/吨左右,此后开始波动增长,在2017年12月底增长至7248元/吨左右后开始下降,并在2018年9月底至今稳定在4500多元/吨。对比煤炭及天然气的价格与燃煤发电及燃机发电业务的毛利率可发现,煤炭及天然气价格的上涨都将使相关业务的毛利率下降。而目前该两项原材料价格与2016年相比都处于相对高价,在标的公司毛利率受燃料价格影响较大且变动绝对额不断升高的情况下,标的公司未来经营业绩及持续经营能力存疑。此外,《重组预案》亦未说明标的资产估值是否充分考虑以上因素。

2. 标的公司预测业绩大幅增长的合理性

首先,根据《重组预案》披露,标的公司最近三年及一期的资产负债率分别约为61.94%、62.42%、69.19%和71.43%。而《重组预案》选取的东方能源、天富能源、吉电股份、宁波热电、富春环保5家同行业可比公司的最近三年及一期资产负债率的平均值分别约为 53.06%、52.07%、55.94%和 56.69%。相对于可比公司,标的公司资产负债率明显高于同行业公司,且呈上升趋势。同时,标的公司目前仍有较多新项目处于在建、拟建阶段,其资金需求可能使标的公司的资产负债率进一步升高。在此情况下,需相关方说明公司是否会面临资金短缺困难和偿债风险及解决可能面对的财务风险的措施。

其次,《重组预案》披露,标的公司目前在建项目达 11 项,拟建项目 22 项。对比招股说明书中关于昆山分布式、国电中山、中马分布式、阜宁再生、永城再生、宝应沼气发电、天雷风电 7 项规划装机总容量为 920.8MW 的在建项目并网发电时间,《重组预案》披露的 7 个项目并网发电时间均与招股说明书不同,且均延迟并网。可见,标的公司的在建项目并网发电及盈利时间都有不确定性。协鑫智慧能源控股的下属电厂总装机容量 2458MW,而标的公司在建及拟建项目的总容量合计达到 3841.7MW。即使标的公司克服资金困难建成以上项目,但仍可能面临无法按时正常并网发电的可能,这势必会影响标的公司的盈利能力。因此,需相关方说明影响在建、拟建项目并网发电时间的因素及标的公司应对并网时间一再延迟对公司盈利能力造成影响的措施。

《重组预案》显示,上海其辰承诺协鑫智慧能源在 2018 年至 2020 年实现的合并报表范围扣除非经常性损益后归属于母公司所有者的净利润分别不低于 20,029 万元、37,699 万元和 59,471 万元。若本次重大资产重组无法在 2018 年内实施完毕,则业绩承诺期延续至 2021 年,即协鑫智慧能源在 2018 年至 2021 年实现的合并报表范围扣除非经常性损益后归属于母公司所有者的净利润分别不低于 20,029 万元、37,699 万元、59,471 万元和 61,313 万元。而标的公司最近 3 年的净利润为 78,300.93 万元、63,863.36 万元、48,797.98 万元。综上所述,标的公司近 3 年净利润连续大幅下降;资产负债率较高且在建及拟建项目资金需求额大;在建、拟建项目并网发电时间不确定,而标的公司承诺业绩则呈连续大幅上升趋势,其合理性及可实现性存疑。

案例24　圣阳股份发行股份购买新能同心

2018年11月13日，山东圣阳电源股份有限公司（以下简称圣阳股份，股票代码为002580）公告了《发行股份购买资产暨关联交易预案》（以下简称《预案》），拟通过发行股份的方式，购买中民新能宁夏同心有限公司（以下简称新能同心）100%的股权。

一、案例简介

（一）上市公司基本情况

圣阳股份成立于1998年，于2011年5月6日在深圳证券交易所中小板上市交易。发布《预案》时，圣阳股份股价5.45元/股，总股本为354,057,227股，总市值19.30亿元，在本次交易前，圣阳股份控股股东为中民新能电力投资有限公司（以下简称新能电力），新能电力的控股股东为中民新能投资集团有限公司（以下简称中民新能），中民新能为中国民生投资股份有限公司（以下简称中民投）全资子公司，由于中民投股权结构分散，故上市公司无实际控制人。

圣阳股份主营业务聚焦新能源储能领域、备用电源领域、新能源动力领域，提供储能电源、备用电源、动力电源和新能源系统解决方案及运维服务，其最近3年的财务状况和经营成果如表24－1所示。

表 24-1　圣阳股份基本财务指标　　单位:万元

项目	2017 年 12 月 31 日	2016 年 12 月 31 日	2015 年 12 月 31 日
总资产	203,188.98	204,596.14	180,490.38
总负债	84,439.14	85,105.11	67,332.18
股东权益	118,749.84	119,491.03	113,158.20
项目	2017 年	2016 年	2015 年
营业收入	170,646.83	155,165.47	137,976.16
利润总额	3519.77	6016.40	3745.25
净利润	3164.90	5386.29	3290.32

(二)标的公司基本情况

本次重组交易中,购买的标的公司为新能同心,交易对方为中民新能,由于中民新能为上市公司控股股东之控股股东,故本次交易构成关联交易。

新能同心于 2014 年 12 月 9 日在宁夏成立,股权结构如图 24-1 所示。

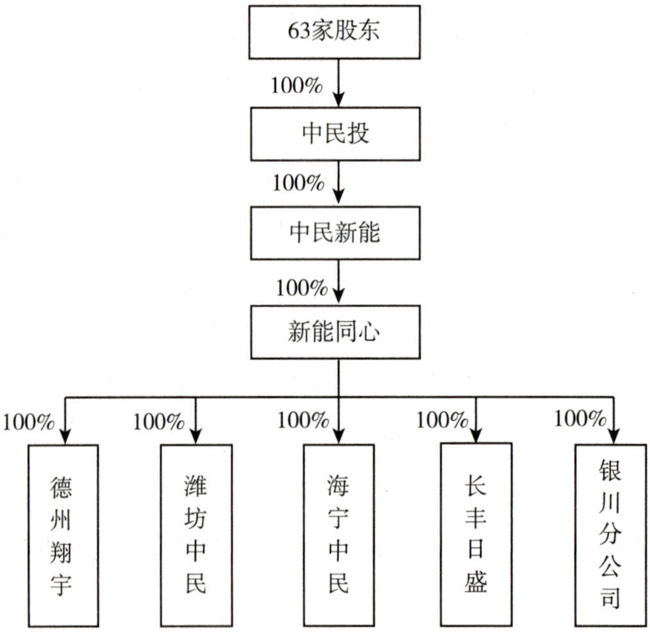

图 24-1　新能同心股权结构

注:德州翔宇为德州翔宇太阳能有限公司,潍坊中民为潍坊中民新能太阳能电力有限公司,海宁中民为海宁中民新能源有限公司,长丰日盛为长丰日盛新能源发电有限公司,银川分公司为中民新能宁夏同心有限公司银川分公司

新能同心主要从事光伏电站的投资开发、运营、电力销售，其最近两年及一期主要财务指标如表24－2所示。

表24－2 新能同心主要财务数据 单位：万元

项目	2018年9月30日	2017年12月31日	2016年12月31日
总资产	226,100.00	246,200.00	205,200.00
总负债	157,700.00	179,600.00	143,500.00
股东权益	68,400.00	66,600.00	61,700.00
项目	2018年9月	2017年	2016年
营业收入	23,900.00	25,400.00	21,800.00
营业成本	8500.00	9800.00	9900.00
利润总额	10,100.00	9000.00	7600.00
净利润	9500.00	9000.00	7600.00

（三）重大资产重组方案精要

圣阳股份拟通过发行股份的方式，购买交易对方中民新能持有的新能同心100%的股权。圣阳股份拟通过本次交易新增光伏发电业务，受益于新能源发电领域的快速发展和良好的盈利能力以及与上市公司现有业务的协同效应，进一步提升上市公司的持续运营能力。

1. 估值及交易价格

经初步预估，以2018年9月30日为评估基准日，标的资产新能同心归属于母公司净资产的账面价值（未经审计）为6.84亿元，收益法预估值为12.39亿元。标的资产初步作价12.33亿元，最终交易价格将由交易各方根据具有证券、期货业务资格的评估机构出具的资产评估报告中确认的标的资产评估值协商确定。

2. 发行股份购买资产的发行价格

本次交易拟全部以发行股份的方式购买，发行价格为圣阳股份第四届董事会第十五次会议决议公告日（定价基准日）前120个交易日股票交易均价，即5.88元/股。按初步作价12.33亿元计算，发行数量预计为209,693,877股。

3. 业绩承诺与补偿

根据上市公司与业绩承诺方签署的《盈利预测补偿协议》，交易对方中民新能（以下简称业绩承诺方）承担对上市公司的利润补偿义务。业绩承诺方承诺标的公司2019年年度合并报表口径下扣除非经常性损益后归属于母公司股东所有的净利润数不低于 11,100 万元;2019 年、2020 年累计实现的扣除非经常性损益后归属于母公司股东所有的净利润数不低于 22,700 万元;2019 年、2020 年、2021 年累计实现的扣除非经常性损益后归属于母公司股东所有的净利润数不低于 34,500 万元。

如果标的公司当期期末累积的实际净利润数未能达到承诺的截至当期期末累积承诺净利润数,业绩承诺方同意就标的公司实现净利润不足承诺净利润的部分优先以股份进行补偿,不足部分以现金补偿。当期应补偿总金额 =(截至当期期末累积承诺净利润预测数 - 截至当期期末累积实现净利润数)÷标的资产盈利补偿期间内各年度的承诺净利润数总和 × 标的资产交易总价 - 累积已补偿金额;当期应补偿股份数量 = 当期应补偿金额 ÷ 本次购买资产的发行价格;应补偿的现金金额 =(当期应补偿股份数量 - 当期已补偿股份数量)× 本次购买资产的发行价格。若在盈利补偿期间,上市公司有除权除息事项,应进行相应调整。

4. 重组交易后股权结构

本次交易完成后,中民新能变更为控股股东,持股比例为 37.20%,原控股股东新能电力持股比例下降至 3.15%,拥有表决权股份数量的比例为 13.40%。

二、案例分析

(一)行权过程

2018 年 11 月 23 日,投服中心参加圣阳股份重大资产重组媒体说明会,现场向圣阳股份提出四个方面的问题:一是补贴政策对标的公司盈利影响;二是补贴结算周期对标的公司现金流的影响;三是估值增值率较高的风险;四是并购协同效应微弱、业务整合方面的风险。最终,圣阳股份于 2018 年 11 月 27 日修改了预案。

(二)行权内容分析

1. 补贴政策对标的公司盈利影响

标的公司主营业务为光伏电站的投资开发、运营、电力销售,处于光伏产业链终端,技术含量较低,属于典型的固定收益类产品,其盈利直接受到补贴政策的影响。2016 年以后,光伏补贴开始下调并明确指标,“531 光伏新政”后,更明确规定分布式光伏项目建设规模为 10GW,“自发自用、余电上网”模式的分布式光伏发电项目补贴降低为 0.32 元每千瓦时,政策趋严,电站拿到指标的难度不断增加。根据《预案》,标的公司电站主要为分布式电站，除新能同心200MW项目、德州翔宇晶彩10MW项目进入第七批国家补贴目录外，下属其余10个电站均未进入国家补贴目录。请上市公司说明，在拿到指标并不乐观的政策环境下，这些电站如不能进入第八批国家补贴目录，也即收入仅依赖于当地电网脱硫脱硝电价，可能会对标的公司未来盈利产生影响。

2. 补贴结算周期对标的公司现金流的影响

标的公司收入主要依赖于电价补贴，然而目前由于补贴缺口扩大，电价补贴结算周期拉长，势必会形成大量应收账款，对标的公司现金流形成不利影响，请上市公司说明标的公司新能同心的应收账款占营业收入比重有多少，每年已收到补贴占营业收入比重又有多少。上市公司2018年第三季度报告财务数据显示，应收账款已高达8.08亿元，占营业收入比重已高达61.82%，若收购完成将进一步对上市公司的现金流造成压力。

3. 估值增值率较高的风险

标的资产新能同心100%股权收益法下预估值约为12.39亿元，较账面净资产预估增值约5.55亿元，预估增值率高达181%。光伏电站收入分为政府补贴和电网脱硫脱硝电价两部分：一方面，对于已并网电站，补贴原则上20年内不发生变化，未并网电站有无补贴收入尚且存在不确定性；另一方面，电网脱硫脱硝电价长期不会发生剧烈变动。综上所述，标的资产具备一般光伏电站固定收入属性的同时还存在部分电站未来无法获得补贴的风险，而且随着产能扩建，指标逐步收紧，未来平价上网将成为趋势，若考虑以上因素，接近两倍的估值增值率有虚高的嫌疑。

4. 并购协同效应微弱、业务整合方面的风险

上市公司现有主营业务为铅酸蓄电池、铅炭电池、锂离子电池等电池产品的制造和销售，虽然锂离子动力电池涉及新能源产业，其上游为锂电池正负极材料、电解液及隔膜，下游为新能源汽车；标的公司主营业务为光伏电站的投资开发、运营、电力销售，其上游为硅片、单晶硅组件等，下游为电网，虽然同为新能源产业，但两者之间实际上既不存在横向并购，也不存在纵向整合，协同效应微乎其微。上市公司难以避免面临选择，即将主要发展光伏产业，对原有的电池生产进行剥离，还是进行双主业运营；如将进行双主业运营，公司应说明未来在业务整合方面存在的风险以及应对措施。

案例25　共达电声发行股份收购万魔声学

2018年11月15日，共达电声股份有限公司（以下简称共达电声，股票代码为002655）公告了《共达电声股份有限公司吸收合并万魔声学科技有限公司暨关联交易预案》（以下简称《预案》），拟通过向万魔声学科技有限公司（以下简称万魔声学）全体股东非公开发行股份的方式收购其100%股权，从而对万魔声学实施吸收合并。

一、案例简介

（一）上市公司基本情况

共达电声成立于2001年，于2012年2月17日在深圳证券交易所中小板上市交易。发布《预案》时，共达电声股价为7.27元/股，总股本为360,000,000股，总市值26.17亿元，在本次交易前，共达电声控股股东为潍坊爱声声学科技有限公司（以下简称爱声声学），万魔声学为爱声声学的控股股东，谢某某为万魔声学的实际控制人，因此，也是上市公司的实际控制人。

共达电声主营业务为微型电声元器件及电声组件的研发、生产和销售，主要产品包括微型麦克风、车载麦克风、微型扬声器/受话器及其阵列模组，其最近三年及一期的财务状况和经营成果如表25－1所示。

表 25 - 1　共达电声基本财务指标　单位:万元

项目	2018 年 9 月 30 日	2017 年 12 月 31 日	2016 年 12 月 31 日	2015 年 12 月 31 日
总资产	105,638.85	110,005.05	126,927.27	115,531.62
总负债	58,528.00	63,273.42	62,301.91	52,323.75
股东权益	47,110.85	46,731.62	64,625.36	63,207.87
项目	2018 年 1 ~ 9 月	2017 年	2016 年	2015 年
营业收入	59,810.69	78,694.01	71,602.86	70,526.09
营业利润	566.11	- 17,857.02	1134.13	1122.05
利润总额	538.84	- 17,961.19	1895.62	2246.67
净利润	423.92	- 17,491.85	1800.81	1919.89

(二)标的公司基本情况

本次重组交易中,标的公司为万魔声学,交易对方为万魔声学的全体股东,由于万魔声学的实际控制人同为上市公司的实际控制人,故本次交易构成关联交易。

万魔声学于 2013 年成立,历经 4 次股权转让、2 次增资,实际控制人为谢某某。主要从事光伏电站的投资开发、运营、电力销售,其最近两年及一期主要财务指标如表 25 - 2 所示。

表 25 - 2　万魔声学主要财务数据　单位:万元

项目	2018 年 10 月 31 日	2017 年 12 月 31 日	2016 年 12 月 31 日
总资产	170,460.08	84,402.30	28,983.70
总负债	77,966.43	62,103.38	12,808.78
股东权益	92,493.64	22,298.92	16,174.92
项目	2018 年 1 ~ 10 月	2017 年	2016 年
营业收入	69,375.53	62,981.85	41,637.06
营业成本	51,898.55	40,127.52	29,720.40
利润总额	3397.42	5150.00	3175.31
净利润	3018.71	3697.21	2598.73

(三)重大资产重组方案精要

共达电声拟通过向万魔声学全体股东非公开发行股份的方式收购万魔声学 100% 的股权,从而对万魔声学实施吸收合并。共达电声拟通过本次重组成为一家智能声学设备公司,将从事耳机、音箱及智能声学类产品以及关键声学零部件的研发设计、制造、销售,产品应用拓展至智能手机音频、智能汽车音频、智能家居(办公)、智能无线穿戴等,从而全方位多角度打造智能声学产业。

1. 估值及交易价格

经初步预估,以2018年10月31日为评估基准日,标的资产万魔声学100%股权对应的净资产账面值为9.03亿元,预估值为30.14亿元,预估增值为21.10亿元,预估增值率为233.56%。标的资产最终交易价格以评估报告中载明的评估结果为基础,经交易各方协商确定。

2. 发行股份购买资产的发行价格

本次交易拟全部以发行股份的方式购买,发行价格为共达电声第四届董事会第九次会议决议公告日(定价基准日)前20个交易日股票交易均价的90%,即5.42元/股。按预估值30.14亿元计算,发行数量预计为629,059,029股。

3. 业绩承诺与补偿

对于本次交易最终采用以收益现值法、假设开发法等基于未来收益预期的方法得出的评估结论作为定价依据,相关方应就上市公司因本次交易获得的资产业务实现的净利润及其补偿作出承诺。业绩补偿期间为2019年至2021年共3个完整的会计年度,待与本次交易相关的审计和评估工作完成后,相关方将按照中国证监会规定或认可的方式就具体盈利预测补偿事宜另行签署《盈利预测补偿协议》。

4. 重组交易后股权结构

本次交易完成后,上市公司实际控制人未发生变更。谢某某通过加一香港、HKmore、万魔冠兴、万魔应人、万魔人聚、万魔顺天、万魔恒青合计持有上市公司13.87%的股权,仍为实际控制人,如表25-3所示。

表25-3 本次重组前后上市公司股权结构 单位:万股

股东名称	本次交易前		本次交易后	
	数量	比例	数量	比例
爱声声学	5498.00	15.27%	—	—
新进谢冠宏控制股东	—	—	12,953.82	13.87%
其他新进股东	—	—	49,952.08	53.48%
其他股东	30,502.00	84.73%	30,502.00	32.65%
合计	36,000.00	100%	93,407.90	100%

二、案 例 分 析

（一）行权过程

2018 年 12 月 4 日，投服中心参加共达电声重大资产重组媒体说明会，现场向共达电声提出两个方面的问题：一是预测净利润跳跃式增长的合理性；二是业绩承诺期满后盈利是否具有可持续性。

（二）行权内容分析

1. 预测净利润跳跃式增长的合理性

根据公司对深圳证券交易所重组问询函部分问题的回复，标的资产万魔声学管理层预计未来 5 年净利润金额分别为 1.5 亿元、2.2 亿元、2.8 亿元、3.5 亿元和 3.8 亿元，而《预案》披露，万魔声学 2015 年、2016 年、2017 年以及 2018 年 1 ~ 10 月净利润分别为 3401.60 万元、2598.73 万元、3697.21 万元及3018.71万元，即万魔声学 2019 年净利润将实现近 314% 的同比增长，未来 5 年的复合增长率约为26.16%，而万魔声学 2015 ~ 2017 年年度净利润复合增长率仅为2.8%，预测利润增长同历史数据相比差异巨大，尤其在 2019 年，几乎呈现跳跃式增长。

万魔声学产品包括耳机、音箱、声学组件等，主要产品为耳机，分为 ODM（Original Design Manufacturer，ODM）代工产品以及自有品牌耳机产品，2018 年 1 ~ 10 月 ODM 业务销售金额占比高达 79.62%，自有品牌占比仅 16.44%。在竞争较为充分的耳机市场，其自有品牌定位较为中高端的“1more”虽占有一定市场份额，但对于耳机这样技术壁垒低而品牌壁垒高的产品，短期内依靠销售占比不高的自有品牌实现市场份额的突变从而实现利润跳跃式增长并不现实。由此推断，万魔声学明年要实现净利润将近 314% 的增长，只能依靠 ODM 业务，而 ODM 业务要实现倍数级增长所依靠的若非毛利率的跳跃式增长就是订单的倍数级增长。在行业内代工毛利率普遍偏低的情况下（例如，典型公司工业富联 2017 年通信网络设备的毛利率仅 13.65%），如果要实现 ODM 业务毛利率的跳跃式增长，相关方应当结合万魔声学为小米、华为等手机厂商代工的历史数据说明毛利率的增长的公允合理性。如果 ODM 订单将实现倍数级增长，相关方应当说明新增订单主要来自哪些厂商，万魔声学与之是否有明确的供货协议，以及承诺期满后是否具备可持续性。

2. 业绩承诺期满后盈利是否可持续

万魔声学销售金额占比高达63.16%的第一大客户为小米公司,根据小米公司的第三季度报告数据,智能手机毛利占比仅为33%,同比2017年大幅下滑了25个百分点,毛利率仅为6.1%,同比下滑5.6个百分点。

在智能手机毛利率已经很低的前提下,小米很难向供应链公司大幅让利,万魔声学为其代工的毛利率在长期很难有大幅度的增长。如果继续依赖订单,即使万魔声学在业绩承诺期内能够拿到足够的ODM订单完成净利润跳跃式增长,在行业代工厂替代性极强的大环境下,委外订单势必面临激烈的竞争以及"瓶颈"的到来,如无其他大客户的介入,其ODM业务增长上限理论上不会超过小米智能手机出货量增速,而小米手机在国内出货量已经出现下滑,国际市场能否继续维持高增速存在不确定性,即万魔声学ODM业务份额的增长上限可能会提前到来。此外,万魔声学并非小米生态链中唯一的耳机供应商,那么,万魔声学在3年业绩承诺期满后如何继续维持26%的高增长将成为问题。相关方应说明,万魔声学是否将成为小米唯一的耳机供应商,或是存在潜在大客户,以及签署有具体协议保障ODM订单的可持续性。因为如果无法保障订单的持续增长,上市公司很可能会面临业绩承诺期满后的业绩下滑,中小投资者利益也会因此受到损害。

案例 26　ST 慧球发行股份购买天下秀

2018 年 12 月 3 日,广西慧金科技股份有限公司(以下简称 ST 慧球或上市公司,股票代码为 600556)公告了《广西慧金科技股份有限公司吸收合并北京天下秀科技股份有限公司暨关联交易预案》(以下简称《重组预案》),北京天下秀科技股份有限公司(以下简称天下秀或标的公司)拟通过协议转让的方式取得深圳市瑞莱嘉誉投资企业(有限合伙)(以下简称瑞莱嘉誉)持有的上市公司 46,040,052 股股票(占上市公司总股本的 11.66%),上述股票转让完成后,天下秀将成为上市公司的控股股东。天下秀取得上市公司控制权后,上市公司向天下秀全体股东发行股份购买天下秀 100% 股权,并对天下秀进行吸收合并,上市公司为吸收合并方,天下秀为被吸收合并方,天下秀将注销法人资格,上市公司作为存续主体,将承接(或以其子公司承接)天下秀的全部资产、负债、业务、人员、合同、资质及其他一切权利和义务,天下秀持有的 46,040,052 股上市公司股票将相应注销,现金选择权提供方将为上市公司的全体股东提供现金选择权。本次交易完成后,天下秀的全体股东将成为上市公司的股东。

一、案例简介

(一)上市公司基本情况

ST 慧球成立于 1993 年,于 2001 年 8 月 7 日在上海证券交易所主板上市交易。发布《重组预案》时,ST 慧球股价为 3.84 元/股,总股本为 394,793,708 股,总市值 15.16 亿元,在本次交易前,ST 慧球控股股东为瑞莱嘉誉,持股比例为 11.66%。

ST 慧球属电信、广播电视和卫星传输服务行业,主要业务为智慧城市业务及物业管理业务,其最近3年的财务状况和经营成果如表26－1所示。

表26－1 ST慧球基本财务指标 单位:万元

项目	2017年12月31日	2016年12月31日	2015年12月31日
总资产	12,576.87	28,818.96	12,460.62
总负债	4768.88	21,338.29	9115.84
股东权益	7807.99	7480.68	3344.78
项目	2017年	2016年	2015年
营业收入	6582.51	4688.21	9290.94
利润总额	402.59	－2507.17	628.42
净利润	327.31	－2650.40	512.65

(二)标的公司基本情况

本次重组交易中,吸收合并的标的公司为天下秀,交易对方为天下秀的全体股东。

天下秀公司前身是北京天下秀科技有限公司,系由Show World Hongkong Limited(以下简称秀天下香港)于2009年11月25日出资设立,公司类型为有限责任公司(台港澳法人独资)。股权结构如图26－1所示。

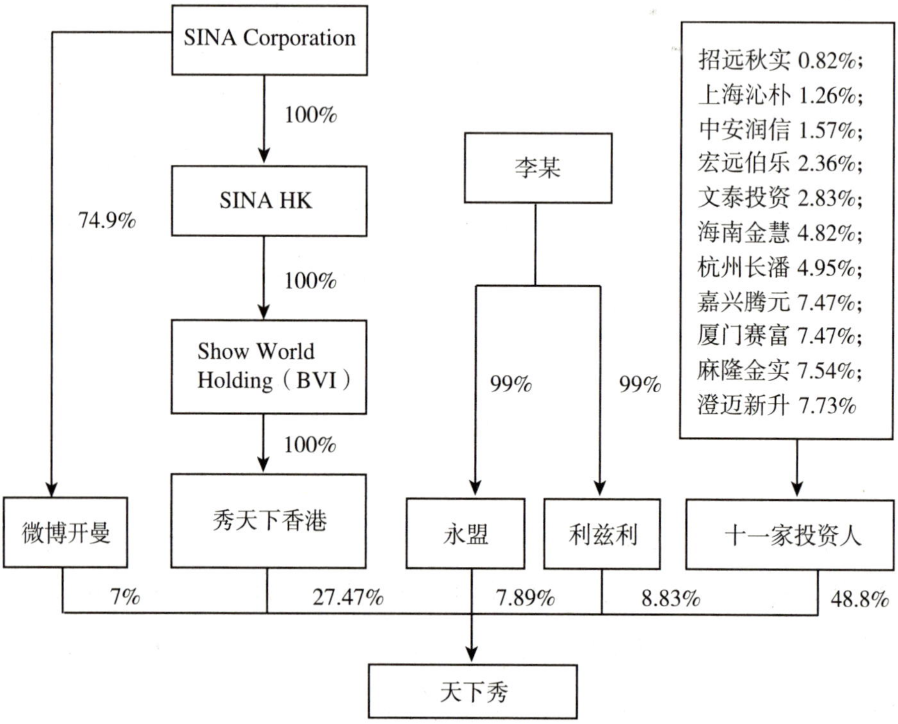

图26－1 天下秀股权结构

天下秀是一家基于大数据的技术驱动型新媒体营销服务公司，提供的主要服务包括新媒体营销客户代理服务、新媒体广告交易系统服务，其最近三年及一期主要财务指标如表26－2所示。

表26－2 天下秀主要财务数据 单位：万元

项目	2018年6月30日	2017年12月31日	2016年12月31日	2015年12月31日
总资产	92,953.88	88,398.61	50,553.14	19,025.37
总负债	17,506.07	19,113.57	19,122.46	13,511.21
股东权益	75,447.81	69,285.04	31,430.68	5514.16
项目	2018年1～6月	2017年	2016年	2015年
营业收入	50,336.97	73,934.21	48,602.76	21,334.61
利润总额	8025.13	13,298.56	7287.36	3789.54
净利润	6506.62	10,912.93	5865.24	3090.97

（三）重大资产重组方案精要

ST慧球本次重组分以下两个步骤进行：第一步，天下秀拟通过协议转让的方式取得瑞莱嘉誉持有的上市公司11.66%的股票，转让完成后，天下秀将成为上市公司的控股股东；第二步，天下秀取得控制权后，上市公司对天下秀进行吸收合并。本次重组完成后，ST慧球的主营业务由智慧城市及物业管理业务变更为基于大数据的技术驱动型新媒体营销服务。

1.天下秀收购上市公司的控制权

天下秀拟通过协议转让的方式受让瑞莱嘉誉持有的上市公司46,040,052股上市公司股票（占上市公司总股本的11.66%），股权转让作价57,000万元。本次股权转让完成后，天下秀将持有上市公司11.66%的股权，成为上市公司的控股股东，实际控制人变更为新浪集团和李某。本次股权转让不以上市公司发行股份购买资产交易为前提，也不以上市公司吸收合并天下秀为前提。

2.上市公司发行股份吸收合并天下秀

上市公司向天下秀所有股东发行股份购买天下秀100%股权，发行股份的发行价格不低于定价基准日前60个交易日上市公司股票交易均价的90%，即3.00元/股。拟置入资产的预计对价为454,850万元，上市公司拟向天下秀的全体股东共发行约1,516,166,660股。上市公司为吸收合并方，天下秀为被吸收合并方，天下秀将注销法人资格,上市公司作为存续主体,将承接(或以其子公司承接)天下秀的全部资产、负债、业务、人员、合同、资质及其他一切权利和义务,同时,天下秀持有的46,040,052股上市公司股票将相应注销。

3. 业绩承诺与补偿协议

对于本次交易最终采用以收益现值法、假设开发法等基于未来收益预期的方法得出的评估结论作为定价依据,相关方应就上市公司因本次交易获得的资产业务实现的净利润及其补偿作出承诺。

4. 交易完成后ST慧球股权结构

《重组预案》披露,本次重组上市交易完成后,上市公司的控股股东变更为秀天下香港,其将持有上市公司22.34%股份,上市公司实际控制人变更为新浪集团和李某共同控制,新浪集团和李某将直接和间接共计持有上市公司41.62%的股份。

二、案例分析

(一)行权过程

2018年12月10日,投服中心参加ST慧球重大资产重组媒体说明会,现场向ST慧球及标的公司提出三个方面的问题:一是标的公司同新浪的合作是否长远;二是标的公司的比较优势是否可持续;三是标的公司未来如何保持自身优势。

(二)行权内容分析

1. 标的公司同新浪的合作是否长远

《重组预案》显示,标的公司的主要产品为同新浪微博合作的"微任务",该产品为广告主和微博自媒体之间提供技术支持和居间协调服务,既解决广告主的微博自媒体推广需求,又帮助微博自媒体实现价值变现。标的公司在业务中需要向新浪采购自媒体账号资源和投放效果数据,并支付数据服务费和其他分摊成本等。就标的公司与新浪微博的合作,投服中心希望有关方面对以下两个问题进行说明:第一,作为标的公司的大股东之一,新浪微博向标的公司收取的数据服务费与其他费用是否公允合理;第二,标的公司与新浪微博之间是否有相应协议或机制保证双方合作的长远性与可持续性。

2. 标的公司的比较优势是否可持续

根据东方证券的研报显示，广告市场的投放主要来自国民经济各行各业的广告主，因此，广告市场的整体增速与 GDP（Gross Domestic Product，GDP）增速有着较强的同步性。根据国家统计局及 wind 数据显示，2018 年经济增速再度回落，前三季度 GDP 增速为 6.7%，其中第三季度增速为 6.5%，创 10 年来新低，广告行业整体增速承压。根据《重组预案》显示，标的公司所处的互联网广告行业目前正向成熟期过渡，根据《重组预案》中引用的 2013～2020 年中国网络广告市场规模及预测来看，中国网络广告市场规模虽然仍在增长，但是增速明显下降，由 2013～2015 年的 40% 左右下降到近期的不足 30%，增速放缓趋势十分明显。另外，互联网营销服务行业市场化程度较高，行业较为分散，各服务商市场占有率较低，市场竞争非常充分。标的公司所处互联网广告行业的复合增长率约为 30%，而标的公司 2015～2017 年净利润复合增长率为 88%，远高于行业平均水平，请标的公司说明获得复合增长率明显优势的具体手段和方法，标的公司是否有相应措施保证持续性的增长优势。

3. 标的公司未来如何保持自身优势

《重组预案》披露，一方面，标的公司通过自主研发的 WEIQ 系统拥有微博、微信等新媒体传播平台上超过 86 万个账号资源，覆盖数十个垂直领域，具有自媒体资源优势。目前，账号资源的收入主要通过数字营销广告来实现，广告收入的多少由订阅用户数量、人均日阅读量、每日广告曝光次数等要素进行转化，而账号资源维持“粉丝经济”的核心竞争力在于优质内容的创作、订阅用户的互动等。投服中心提出，请标的公司披露一下拥有的 86 万个账号资源的筛选方式以及影响力高或者垂直领域价值度大的自媒体资源的界定标准。

另一方面，《重组预案》中提及标的公司具有先发优势，是国内较早进入社交网络广告行业的企业之一，广告交易系统技术竞争处于逐渐加剧的过程中。投服中心提出，请标的公司说明计划采用什么措施在未来的高竞争发展中保持这种优势。

第三篇

专项行权案例

Cases Review of Shareholding for Voting Program

投服中心参加百场股东大会现场行权

为充分发挥股东大会在公司治理中的作用,示范和引导广大中小股东积极参与并行使股东权利,2018 年 3 月至 6 月,中证中小投资者服务中心(以下简称投服中心)在上市公司股东大会召开季展开专项行动,集中参加了 100 场上市公司年度股东大会,开展现场行权。

一、精心遴选行权标的

为了提高现场参会行权的针对性、有效性,所有的行权标的公司均来自于投服中心的上市公司舆情库。在一年多的行权实践中,投服中心已经建立了可行权公司舆情库,并实施动态管理。舆情库的线索来源于两方面:一方面是投服中心日常关注的尚未解决的行权线索;另一方面是监管机构、交易所等单位移交的线索,投服中心从股东角度进行研究后,将适合行权的公司纳入舆情库。本次现场行权基本覆盖了舆情库中的问题公司。100 家公司隶属 35 个辖区证监局,分属沪、深证券交易所各个板块,涉及制造、房地产、科学研究和技术服务业等 13 个行业,具体情况见图 27 -1、图 27 -2。

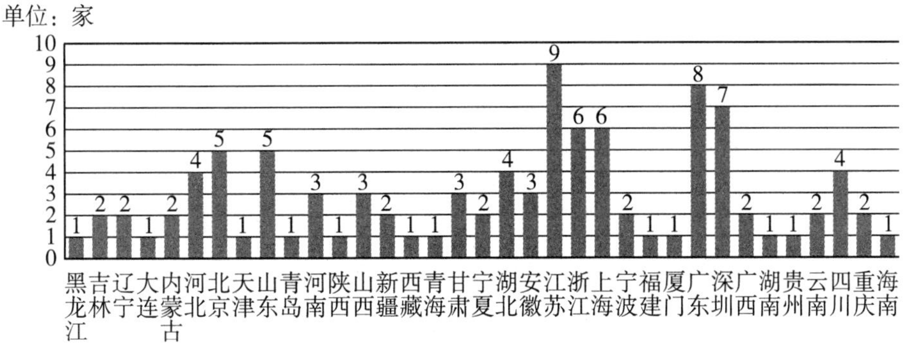

图 27 -1 各辖区参会公司数量

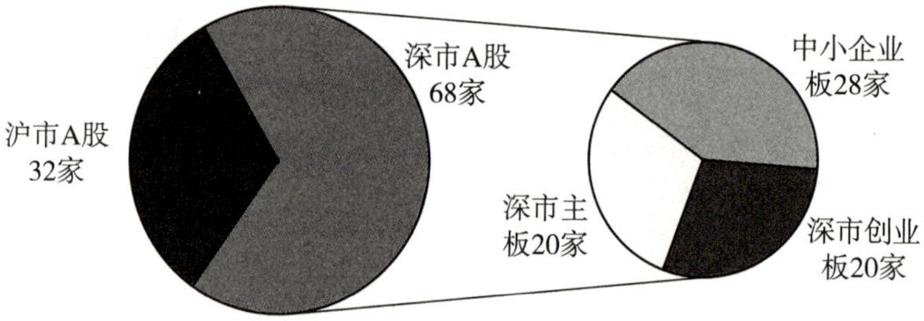

图 27-2 2018 年各板块上市公司投服中心参会情况

二、参会行权 示范交流

(一)多重角度,重点发问

投服中心参会人员严格按照股东大会规程,依法参会,重点关注公司章程、经营业绩、公司内部治理等事关中小股东权益的事项,积极行使股东质询权、建议权,共计提问 296 个大类问题,涉及 663 个小类问题。

2017 年投服中心对当时全部 A 股上市公司章程中的不当条款进行了集中梳理,并发函建议修改,此次参会对前次发函后拒绝修改的公司及新上市公司章程中的不当条款继续当面提出修改建议;针对上市公司的重大资产重组,投服中心重点关注溢价收购的合理性、承诺业绩的可实现性,以及未完成业绩承诺的补偿情况;针对盈利不佳的上市公司,投服中心现场问询业绩下滑的主要原因及未来提高业绩的切实措施等;针对存在退市风险的公司,投服中心主要从如何避免公司被退市、中小投资者权益保护等角度提问。据统计,投服中心共计对 24 家公司的章程提出完善建议,对 91 家公司的生产经营展开问询,对 35 家存在公司治理风险的公司现场发问。

(二)关注程序,提出建议

股东大会程序的合规性是开好股东大会的基础。在参会前准备阶段,投服中心重点关注股东大会的召集、提案、通知、登记等程序。在会议现场,行权人员密切关注股东大会开会过程的合规性,尤其是股东大会会议主持情况,董事、监事及董事会秘书等的出席情况,董事会、监事会报告及独立董事述职情况,股东质询及公司相关人员解释情况,议案的审议过程,监票与计票情况等。针对股东大会召集和召开过程中出现的与《公司法》《上市公司股东大会规则》规定不符的情形,投服中心行权人员在现场主动向上市公司提出完善建议，督促其切实重视股东大会的合规性，充分发挥股东大会在公司治理中的重要作用。

（三）积极与现场股东、媒体交流

参会过程中，投服中心行权人员除了积极发问、建议外，还主动与参会的其他股东、媒体交流。向参会的其他股东和到会的媒体介绍投服中心，说明持股行权的方式、内容与意义，并希望他们关注投服中心的动态。向参会的其他股东了解其参会所关注事项，并听取他们的意见与建议。针对一些中小股东只参会、不发言、不投票等现象，行权人员认真向他们解释参会、发言的重要性，呼吁所有中小股东一致行动起来，共同做积极股东，维护自身的合法权益。

三、现场参会发现的问题

通过参加百场股东大会，发现大部分公司能遵守相关制度，规范股东大会召开程序，重视年度股东大会的召开工作，但也存在一些突出的、共性的问题。

（一）部分上市公司漠视中小股东权利

中小股东平时很少有机会参与公司治理，若想行使股东权利，只有通过一年一度的股东大会平台（临时股东大会不是常态，也不是每个公司每年都有，议题也受限）。然而，长期以来，我国上市公司的股东大会经常成为“大股东会”，广大中小投资者的权利得不到应有的尊重。

在投服中心参加的100场股东大会中，有4家上市公司存在股东大会登记难问题，中小股东无法通过公开电话与上市公司取得联系。还有的上市公司规定，未在登记时间内登记的公司股东可以列席本次现场股东大会，但对会议审议事项没有表决权。更有些上市公司不让中小股东发言、拒绝回复投服中心和其他中小股东质询的情况。

（二）股东大会敷衍走过场

我国《上市公司股东大会规则》规定了上市公司股东大会召开的程序和内容等。但在实际操作中，不少上市公司召开股东大会敷衍了事，难以达到让股东了解上市公司经营情况，参与上市公司治理的目的。

一是应出席而不出席。我国《上市公司股东大会规则》第26条规定，公司召开股东大会,全体董事、监事和董事会秘书应当出席会议,经理和其他高级管理人员应当列席会议。在投服中心行权人员参加的100场股东大会中,有75场股东大会有不同程度的董事、监事人员缺席,其中41家上市公司说明了董事、监事缺席的原因,剩余34家公司并未说明缺席原因。二是应主持会议而不主持。有2家董事长虽已到会,却在会议期间忙其他事情,由上市公司其他工作人员代为主持会议。三是应作报告、述职而不报告、不述职。我国《上市公司股东大会规则》第28条规定,在年度股东大会上,董事会、监事会应当就其过去一年的工作向股东大会作出报告,每名独立董事也应作出述职报告。但参会中,依然有4家上市公司以相关报告已经在网上披露,股东应该已经知晓为由,会议现场未作任何介绍,直接省去董事会、监事会作报告的环节。关于独立董事述职,部分上市公司更是乱象频出。投服中心行权人员参加的股东大会中,39家上市公司只由1名独立董事代表述职,3家上市公司由董事会秘书或现场律师代念独立董事述职报告,7家上市公司独立董事全部缺席,10家上市公司的独立董事未进行述职。四是不严格监票、计票。股东大会对议案进行表决前,按规定应当推举2名股东代表参加计票和监票,而7家上市公司股东大会并未严格按照程序监票、计票,没有推举计票人、监票人的环节。

以上问题,有的上市公司股东大会出现1项,有的上市公司股东大会出现2项到3项,还有的上市公司股东大会甚至同时出现了不宣读议案、不作董事会和监事会工作报告、独立董事不述职、不严格监票、计票而直接表决的情形,股东大会完全“走过场”,敷衍了事。

(三)中小股东“冷漠参会”

在现行法律规则下,参加股东大会,并在会上对议案进行审议和表决是中小股东“难得”能够参与公司治理的机会。但绝大部分中小股东并不珍惜这个“难得”的机会,不参会、不发言、不投票的现象非常普遍。据统计,投服中心行权人员参加的100场股东大会中,现场与网络投票的股东(包括出席会议的股东和代理人人数)共计4013人。其中,参会股东数超过100人的仅有9场,参会股东数在10人到30人的为46场,参会股东数在10人以下的达26场,有1场仅有2名股东参会投票。参会股东代表股份数占公司有表决权股份总数超过50%的仅有28场,参会股东代表股份数占公司有表决权股份总数低于30%的达19场。此外,据可统计中小股东参会情况的51场股东大会(股东大会公告中,上海证券交易所的公司未公告中小股东参会情况,本数据来源于公布中小股东参会情况的51家深圳证券交易所上市公司公告)显示,参会的中小股东代表股份数占公司有表决权股份总数比例不足5%的达34场,参会的中小股东代表股份数占公司有表决权股份总数比例不足1%的达19场。可见,广大中小投资者并不重视参加股东大会。此外,现场参会的中小股东大多鲜有发言。股东大会参会股东代表股份数占公司有表决权股份总数比例分布如图27-3所示。

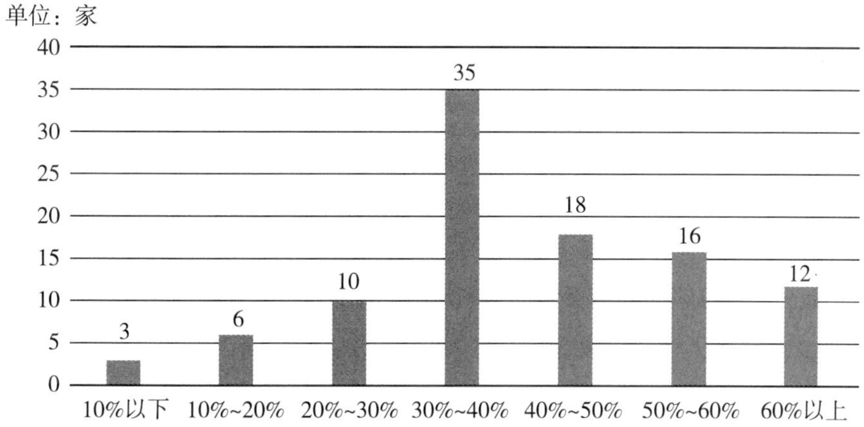

图27-3　股东大会参会股东代表股份数占公司有表决权股份总数比例分布

绝大多数中小股东或许出于成本考量,不愿意现场参会似乎可以理解,而网络投票系统的出现为中小股东提供了便捷的表决途径。遗憾的是,根据可统计网络投票的68场股东大会(股东大会公告中,上海证券交易所的公司未公告参与网络投票的股东情况,本数据来源于公布参与网络投票股东的68家深圳证券交易所上市公司公告)网络投票结果看,总共仅有1752人通过网络进行投票,其中58场股东大会的网络投票人数不足30人,40场股东大会的网络投票人数不足10人,5场股东大会竟无人通过网络投票。其中,参与网络投票的股东代表股份数占上市公司总股份数不足5%的股东大会场次达54场,参与网络投票的股东代表股份数占上市公司总股份数不足1%的股东大会场次高达45场。中小股东的"参会冷漠"促使网络投票制度的推出,但是投资者的"投票冷漠"则让网络投票和股东大会未能发挥应有的作用。

承诺期后业绩断层严重侵害投资者权益，投服中心针对上市公司收购轻资产公司开展专项行权

为回应投资者关切，投服中心对2011年至2014年、2015年至2017年两个时段上市公司收购轻资产的重大重组事项进行了梳理，详细分析了轻资产标的公司在承诺期后业绩断层对投资者的损害，并开展专项行权。

一、2011年至2014年收购的轻资产公司业绩断层严重

轻资产公司是指厂房、生产设备等有形资产占比较少，净资产规模较小，而在技术创新、品牌建设、渠道经营等方面投入相对较多的公司，涉及影视、游戏、营销、教育、互联网服务、信息技术咨询、应用软件、贸易、投资等行业。上市公司收购这些公司呈现典型的"三高"特征，承诺期满后业绩断层严重。

（一）轻资产收购呈高估值、高承诺、高现金支付特征

经梳理，2011年至2014年共有43家上市公司并购了73个轻资产标的公司（包括10例重组上市）。收购这些轻资产标的公司时估值普遍较高，估值增值率平均为875.53%；业绩承诺线性高增长，线性增长率平均为23.44%；41个（56.16%）轻资产标的公司涉及现金支付，现金支付额覆盖承诺业绩额的比例平均为107.09%，即现金支付额平均可以覆盖承诺业绩。

（二）业绩断层情况突出

业绩断层是指轻资产公司在承诺期满后的次年业绩大幅下降，其中，下降50%

以上为业绩严重断层、下降30%～50%为断层、下降0～30%为业绩下滑。上市公司2011年至2014年收购的轻资产标的公司大多于2016年业绩承诺期满，在披露承诺期后业绩的48项轻资产标的公司中，17项（35.42%）严重断层、11项（22.92%）断层、6项（12.50%）业绩下滑，剩余的14项（29.17%）承诺期后第一年净利润没有下降。

二、业绩断层对投资者权益损害路径分析

发生业绩断层的轻资产标的公司为获得较高的对价，在被收购前的1～2年普遍"冲业绩"，业绩增长较快，并以此高线性增长率确定估值，导致上市公司收购轻资产公司所支付的对价必然远大于其净资产价值。这些高估值标的公司被置入上市公司后，有的在承诺期内无法完成业绩承诺，触发承诺补偿条款；有的千方百计勉强完成业绩承诺后，在承诺期满后的次年即发生业绩断层，严重损害原有股东权益（关联交易的利益攸关方除外）。

现金支付时，上市公司为畸高估值部分多支付了现金，直接损害了原有股东权益；发行股份支付时，为畸高估值多发行的股份，稀释了上市公司原有股东的权益。不同的收购关系下，对投资者权益损害的路径又不相同。

（一）非同一控制下收购时的损害路径分析

非同一控制下收购时，一方面，收购对价高于取得的可辨认净资产公允价值的差额确定为商誉，此时损害是隐性的。当轻资产公司持续为上市公司创造预期收益时，这部分商誉物有所值；否则，商誉只能导致资产虚化，且估值越高，对净资产的稀释越厉害，给上市公司及投资者造成的隐性损害越大。另一方面，如涉及发行股份支付收购对价，则直接稀释了原有股东的持股比例。

承诺期满后业绩断层，畸高估值对应的商誉部分按会计准则应计提商誉减值准备，一个后果是隐性损害显性化。一方面，商誉减值直接减少上市公司净资产，稀释投资者每股净资产；另一方面，商誉减值损失直接冲减上市公司当期净利润，而市场往往还会放大业绩下滑的负面效应，造成上市公司股价的降低，直接减少投资者持股市值。另一个后果是资产出售方利用无效资产从原有股东手中攫取了上市公司股权。

(二)同一控制下收购时的损害路径分析

同一控制下收购时,一方面,收购对价高于轻资产公司净资产账面价值的差额,直接冲减资本公积,减少上市公司所有者权益;另一方面,如涉及发行股份支付收购对价,实际上是向上市公司控股股东、实际控制人发行股份,直接增加了控股股东的持股比例,而缩减了原其他股东的持股比例。

轻资产标的公司发生业绩断层时,一个后果是畸高估值部分因冲减资本公积导致降低的所有者权益,不仅无法依靠持续盈利补回,“烂资产”还会持续蚕食上市公司所有者权益。另一个后果是控股股东、实际控制人利用无效资产从原有其他股东手中攫取了上市公司股权。这种关联交易已构成侵吞上市公司资产,涉嫌利益输送。

(三)重组上市时的损害路径分析

上市公司收购轻资产公司构成重组上市时,要区分原上市公司留存的资产是否构成业务,一种情况是构成业务,此时重组上市会产生商誉,影响与非同一控制下收购相同;另一种情况是不构成业务,此时重组上市的会计处理与同一控制下收购类似,估值溢价冲减资本公积。

三、2015 年至 2017 年的轻资产收购事项可能对投资者造成更大损害

2015 年至 2017 年有 146 例轻资产重大重组事项(包括 4 例重组上市),涉及 124 家上市公司、206 家轻资产标的公司。此段时间 A 股市场轻资产收购数量维持在较高水平,更能反映轻资产收购的全貌。与 2011 年至 2014 年的轻资产收购事项相比,估值增值率更高(由 875.53% 提高为 1829.59%),业绩承诺增长率更高(由 23.44% 提高为 28.84%),现金支付比例高(现金支付额覆盖承诺业绩额的比例平均值为 144.68%),业绩完成精准(各行业轻资产公司业绩完成率的平均值均在 95% ~110%)。按照 2011 年至 2014 年收购轻资产公司的业绩断层比例 58.34% 推算,2015 年至 2017 年收购的轻资产标的公司中将有大约 100 多家发生业绩断层,而断层将集中发生在 2018 年至 2020 年,届时上述收购行为对中小股东权益的侵害将彻底显现。

四、投服中心将开展专项行权

针对上市公司收购的轻资产公司在承诺期后发生业绩断层的情况，投服中心将开展集中行权。一是在中国投资者网上公示2011年至2014年轻资产收购中发生业绩断层的名单，并以典型案例形式分析业绩断层对投资者权益的损害情况。二是在中国投资者网上逐项公示2015年至2017年轻资产收购事项的估值增值率、业绩承诺增长率、业绩完成率、股权稀释比例、每股净资产变动等指标，并跟踪其后续业绩承诺实现及承诺期后业绩断层情况，予以时时更新。三是以网上行权和发送股东建议函的方式，对收购轻资产公司后发生业绩断层的上市公司的独立董事进行公开问责，质询其在审议收购事项发表独立意见时，是否就标的公司的估值、盈利预测等情况进行详细研究，还是仅仅依赖于评估报告。四是在中国投资者网上对发生业绩断层的标的公司的评估机构进行曝光，并标明其评估事项。五是给未披露承诺期后轻资产标的公司业绩的上市公司发送股东建议函，同时网上行权，督促其进行披露。

业绩断层典型案例

【说明】(1)下述四个案例均未考虑重组时发行股份募集配套资金的影响；(2)案例中的“权益”和“所有者权益”均指上市公司归属于母公司的所有者权益；(3)案例中的“每股净资产”均指上市公司归属于母公司股东的每股净资产。

案例1　非同一控制下收购——爱使股份(600652)收购游久时代

2014年10月煤炭公司上海爱使股份有限公司(以下简称爱使股份)跨界收购游戏公司游久时代(北京)科技有限公司的100%股权(以下简称游久时代),总对价11.80亿元,其中现金支付3.93亿元、发行股份支付7.87亿元,估值增值率为4092.96%,产生商誉10.88亿元。收购后,爱使股份更名为游久游戏。

(一)完成业绩承诺有玄机

资产出售方承诺,标的公司在2014年至2016年扣除非经常损益后归属于母公司的净利润分别为1亿元、1.2亿元和1.44亿元,合计3.64亿元,实际实现3.89亿元,业绩实现率为106.88%,而资产出售方在本次交易中获得的现金对价为3.93亿元。

(二)承诺期后业绩断层严重

2017年即承诺期满后第一年,标的公司亏损8635.87万元,当年上市公司计提商誉减值准备3.13亿元。上市公司2018年半年度报告公告,标的公司净利润为86.33万元,仍存在计提商誉减值的风险。

表 28－1　游久时代业绩承诺及实现情况　　单位:万元

项目	2014 年	2015 年	2016 年	2017 年	2018 年年中
承诺业绩	10,000.00	12,000.00	14,400.00	—	—
实现业绩	10,356.12	13,665.31	14,881.08	—	—
净利润	10,453.89	13,773.49	14,742.44	－8635.87	86.33

（三）投资者权益损害分析

鉴于标的公司在承诺期满后的 2 年来已无法给公司带来盈利，为便于分析，下文将现金收购和股份收购切割开来，分别分析此次收购给公司及投资者带来的损害。其中，以 3.93 亿元现金收购部分对应的商誉为 3.62 亿元，由于标的公司在 2014 年至 2016 年实现净利润 3.89 亿元，虽然资产变质、商誉减值，若不考虑税费影响，可以简单理解为资产出售方从上市公司拿走的现金通过利润的方式还给了上市公司，现金收购部分未损害上市公司及投资者权益。发行股份部分对应的商誉为 7.26 亿元，不仅收购时稀释了原有股东的股权比例，还在发生业绩断层导致商誉减值时降低了每股净资产，其对上市公司及投资者权益的损害情况详见图 28－1。

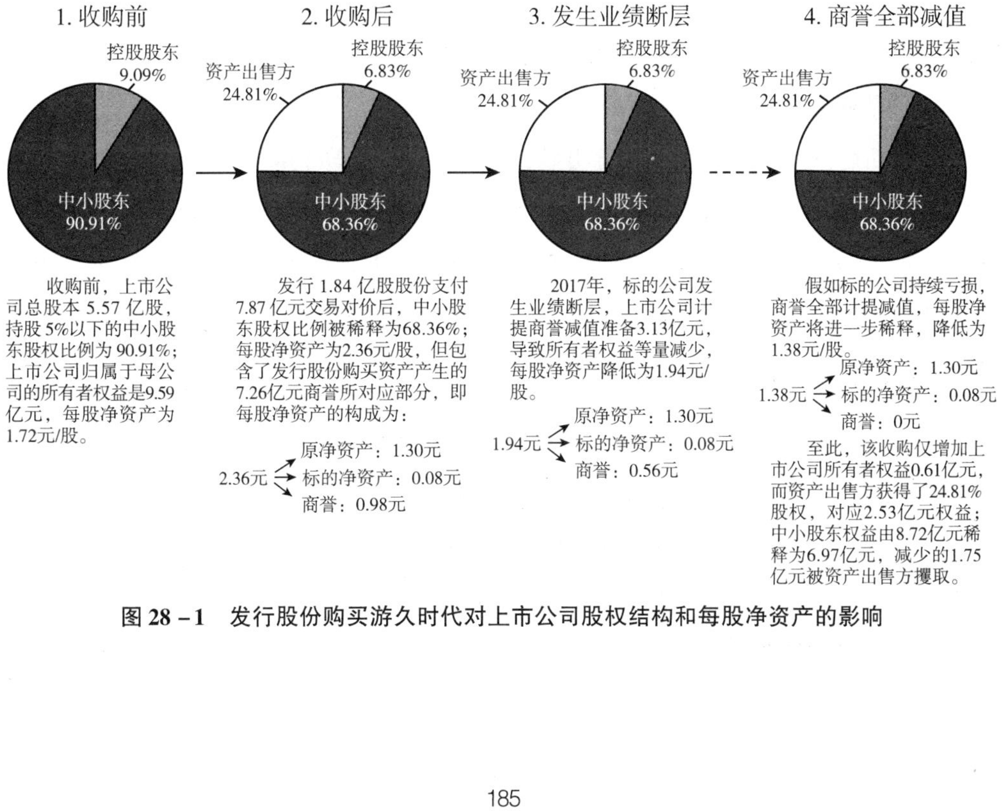

图 28－1　发行股份购买游久时代对上市公司股权结构和每股净资产的影响

案例2　非同一控制下收购——华闻传媒(000793)收购4家轻资产公司

2014年华闻传媒投资集团股份有限公司(以下简称华闻传媒)收购天津掌视亿通信息技术有限公司100%股权(以下简称掌视亿通)、上海精视文化传播有限公司60%股权(以下简称精视文化)、广州市邦富软件有限公司100%股权(以下简称邦富软件)、广州漫友文化科技股份有限公司85.61%股权(以下简称漫友文化),总交易价格为27.99亿元,其中现金支付9.56亿元、发行股份支付18.43亿元,评估增值率为706.80%,共产生商誉22.46亿元。4家标的公司均为轻资产公司,涉及营销、应用软件、动漫等行业。

(一)未完成承诺业绩

资产出售方承诺,标的公司在2014年至2016年扣除非经常性损益后归属于母公司所有者的净利润分别为1.99亿元、2.67亿元、3.58亿元,合计8.24亿元,实际实现7.54亿元(中国证券监督管理委员会以海南监管局的现场检查结果为准),业绩实现率为91.50%,而资产出售方在本次交易中获得的现金对价为9.56亿元。因未完成业绩承诺,2014年至2016年,上市公司共计提商誉减值准备1.80亿元,资产出售方共向上市公司补偿9,055,716股股份、797.52万元现金。

(二)承诺期后业绩断层严重

承诺期后,标的公司业绩下滑明显,2017年的归母净利润为0.86亿元,比2017年的3.03亿元下降71.61%,华闻传媒2017年为此计提商誉减值准备6.87亿元。华闻传媒2018年半年报公告,标的公司归母净利润仅为404.16万元,其中三家标的公司已为亏损。根据华闻传媒《2018年年度业绩预告》,预计按100%对标的公司的账面商誉计提减值,则2018年计提商誉减值13.79亿元。

表29－1　标的公司近年来经营业绩　　单位:万元

标的公司	指标	2014年	2015年	2016年	2017年	2018年年中
掌视亿通100%股权	承诺业绩	9035.00	11,700.00	15,900.00	实现率99.60%	
	实际业绩	9965.31	12,861.97	13,659.50		
	归母净利润	10,363.15	14,284.12	14,846.47	8370.41	1602.28

续表

标的公司	指标	2014 年	2015 年	2016 年	2017 年	2018 年年中
精视文化 60%股权	承诺业绩	3600.00	4800.00	6000.00	实现率 95.81%	
	实际业绩	3713.44	4714.06	5369.26		
	归母净利润	3911.96	4714.06	6026.48	507.71	-173.60
邦富软件 100%股权	承诺业绩	5000.00	7200.00	9600.00	实现率 94.82%	
	实际业绩	4627.67	7575.52	8467.54		
	净利润	5207.37	7668.58	9444.29	630.76	-785.91
漫友文化 85.61%股权	承诺业绩	2311.47	2996.35	4280.50	实现率 46.53%	
	实际业绩	2419.73	2036.20	5.42		
	归母净利润	2743.92	3141.41	4.85	-899.53	-238.61
合计	承诺业绩	19,946.47	26,696.35	35,780.50	实现率 91.50%	
	实际业绩	20,726.15	27,187.75	27,501.72		
	归母净利润	22,226.40	29,808.17	30,322.10	8609.35	404.16

（三）投资者权益损害分析

收购前，上市公司总股本 18.46 亿股，除控股股东外的其他股东的持股 85.53%；上市公司归属于母公司的所有者权益是 47.39 亿元，每股净资产为 2.57 元/股。

2014 年上市公司支付 9.56 亿元现金和发行 1.35 亿股股份（对应 18.43 亿元）收购 4 家轻资产公司后，其他股东的股权比例被稀释为 79.71%；每股净资产为 3.32元/股，但包含收购产生商誉所对应的 1.13 元/股。

2014 年至 2016 年的承诺期内，标的公司共实现归属于母公司的净利润 8.24 亿元，未完成业绩承诺。因此，上市公司对标的公司计提商誉减值准备 1.80 亿元，资产出售方现金补偿 797.52 万元、股份补偿 905.57 万股。2016 年年末，其他股东股权比例回升至 80.08%，每股净资产为 3.67 元/股。

2017 年标的公司业绩断层，上市公司对此计提商誉减值准备 6.87 亿元，并且上市公司预计标的公司 2018 年业绩将进一步下降，对剩余商誉 13.79 亿元全额计提减值。而 2017 年至 2018 年上半年，标的公司实现的归属于母公司的净利润仅为 0.90 亿元，每股净资产降低为 2.67 元/股。鉴于 2018 年上半年，3 家标的公司均亏损，如果持续亏损，将进一步侵蚀每股净资产。

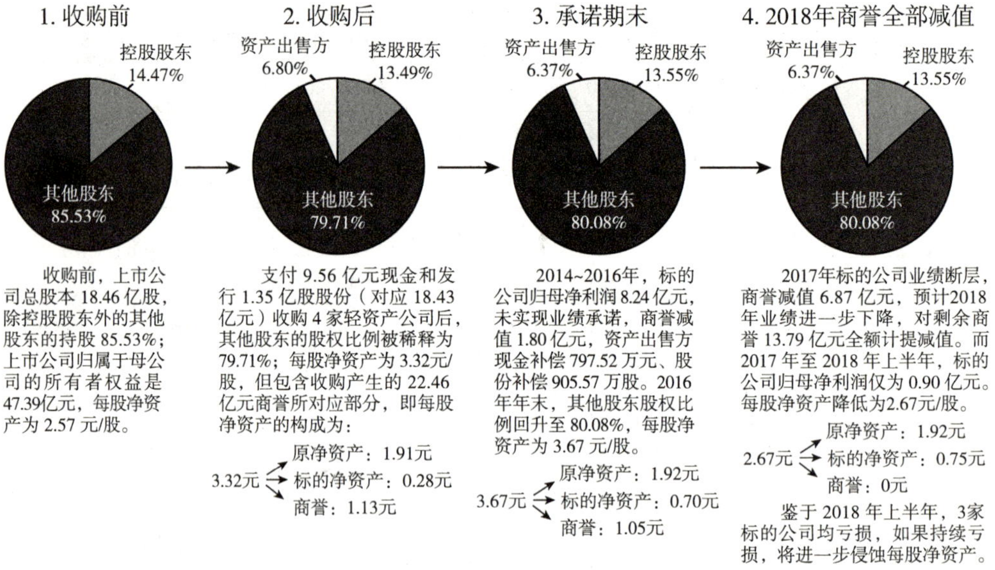

图 29－1　华闻传媒收购 4 家轻资产公司对上市公司股权结构和每股净资产的影响

案例 3　同一控制下收购——卧龙电气(600580)收购香港卧龙

2013 年卧龙电气集团股份有限公司以发行股份和支付现金的方式收购香港卧龙控股集团有限公司(以下简称香港卧龙)100% 的股权,交易价格为 20. 89 亿元,其中现金支付 3. 13 亿元,评估增值率为 102. 79% 。

(一)本次交易是实际控制人将资产装入上市公司

卧龙电气和香港卧龙的实际控制人均为陈某成、陈某妮父女,本次交易属于上市公司的实际控制人将自己控制的资产装入上市公司,构成关联交易。值得注意的是,2011 年年底,陈氏父女通过卧龙投资收购 ATB 驱动仅投入 10,050 万欧元,2013 年以约 21 亿元装入上市公司。香港卧龙的核心资产为 ATB 驱动股份,ABT 驱动虽持有 13 家公司股份,但 90% 的利润主要源于主营贸易、进出口业务的新加坡 LG 公司。

(二)精准完成业绩承诺

资产出售方承诺,标的公司在 2013 年至 2015 年扣除非经常损益后归属于母公司的净利润分别为 1. 46 亿元、1. 79 亿元和 2. 10 亿元,合计 5. 35 亿元,实际实现

5.71亿元，业绩实现率为106.86%。资产出售方在本次交易中获得的现金对价为3.13亿元。

（三）承诺期后标的公司转盈为亏

承诺期后，标的公司持续亏损，2016年、2017年、2018年上半年净利润分别为-275.66万元、-7078.02万元和-2455.9万元，持续摊薄上市公司每股收益和每股净资产。

表30-1　香港卧龙近年来经营业绩　　单位：万元

项目	2013年	2014年	2015年	2016年	2017年
承诺业绩	14,585.93	17,850.28	21,034.4	—	—
实现业绩	21,034.28	18,798.68	17,315.10	—	—
净利润	23,472.56	21,067.6	16,526.06	-275.66	-7078.02

（四）投资者权益损害分析

以3.13亿元现金收购标的公司15%股权后，因冲减资本公积，导致上市公司的所有者权益减少1.59亿元，每股净资产由3.71元降低为3.48元。

发行股份购买标的公司85%股权后，持股5%以下的中小股东的持股比例由原来的72.10%被稀释为44.65%，而实际控制人持股比例由27.90%提高为55.35%。虽然发行股份增加了17.76亿元所有者权益，但冲减资本公积又使所有者权益减少9.00亿元，每股净资产进一步降低为2.94元/股。

业绩承诺期标的公司实现6.11亿元净利润，补回6.11亿元因冲减资本公积而减少的所有者权益，每股净资产回升至3.49元/股，此时尚有4.48亿元所有者权益未补回。而承诺期后标的公司持续亏损，不仅使降低的所有者权益无法补回，还进一步蚕食上市公司所有者权益，具体权益的损害情况详见图30-1。

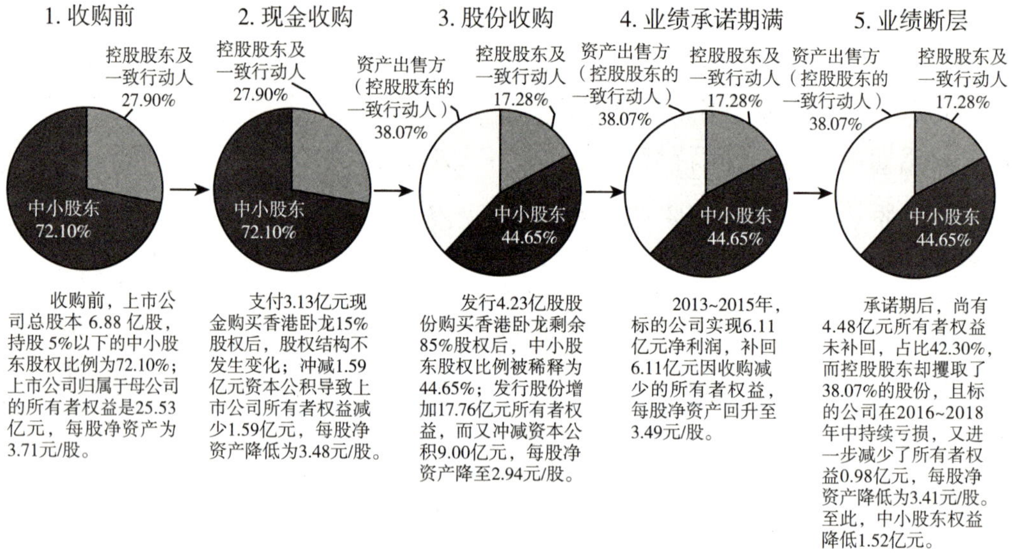

图30-1　购买香港卧龙对上市公司股权结构和每股净资产的影响

案例4　重组上市——长城影视(002071)重组上市

2014年东阳长城影视传媒有限公司(以下简称东阳长城)借壳江苏宏宝五金股份有限公司(以下简称宏宝五金,股票代码为002071)上市,上市公司更名为“长城影视”。本次收购交易对价22.91亿元,以资产置换和发行股份方式支付,估值增值率381.05%,收购完成后,上市公司主业变更为电视剧的投资、制作及发行。

(一)东阳长城业绩承诺的实现依赖于持续的收购

资产出售方承诺,东阳长城2014年至2016年归属于母公司所有者的净利润分别为2.07亿元、2.36亿元和2.61亿元,合计7.04亿元,实现业绩7.48亿元,业绩实现率为106.23%。但东阳长城业绩的实现得益于其不断的收购,2014年和2015年,东阳长城以16.48亿元现金(置入上市公司时东阳长城仅有货币资金4967.54万元,此收购款基本来源于贷款)陆续收购了浙江光线、上海胜盟、东方龙辉、微距广告、玖明广告、浙江中影共6家广告公司,形成商誉10.96亿元,这些公司2014年、2015年、2016年为东阳长城贡献的净利润为0.37亿元、1.93亿元和2.32亿元。

(二)承诺期后业绩断层明显

承诺期后,东阳长城业绩急速下滑,2017年亏损-2195.89万元;2018年上半年净利润为 7018.83 万元，仅为 2016 年净利润的 21.12%。

表 31－1　东阳长城承诺业绩和实际业绩　　单位：万元

项目	2014 年	2015 年	2016 年	2017 年	2018 年年中
承诺业绩	20,721.32	23,561.56	26,102.69	—	—
实现业绩	22,016.25	24,632.31	28,124.74	—	—
净利润	22,625.04	30,577.94	33,227.36	－2195.89	7018.83

（三）投资者权益损害分析

收购前，上市公司总股本 1.84 亿股，持股 5% 以下的中小股东股权比例为 58.54%；上市公司归属于母公司的所有者权益是 3.06 亿元，每股净资产为 1.66 元/股。

资产置换和发行 3.41 亿股股份购买标的公司 100% 股权后，中小股东股权比例被稀释为 20.50%；发行股份增加 18.95 亿元所有者权益，而因标的公司交易对价 22.91 亿元大于净资产账面价值 6.51 亿元的部分冲减资本公积 16.40 亿元，上市公司所有者权益变成 5.61 亿元，每股净资产降低为 1.07 元/股。

2014 年至 2016 年，标的公司实现 8.64 亿元净利润，补回 8.64 亿元因收购减少的所有者权益，每股权益提高为 2.71 元/股，此时尚有 7.76 亿元所有者权益未补回，占比 47.31%。而标的公司在承诺期后业绩断层，2017 年至 2018 年中合计仅实现净利润 0.48 亿元，后续是否能补回全部所有者权益存在不确定性。具体权益的损害情况详见图 31－1。

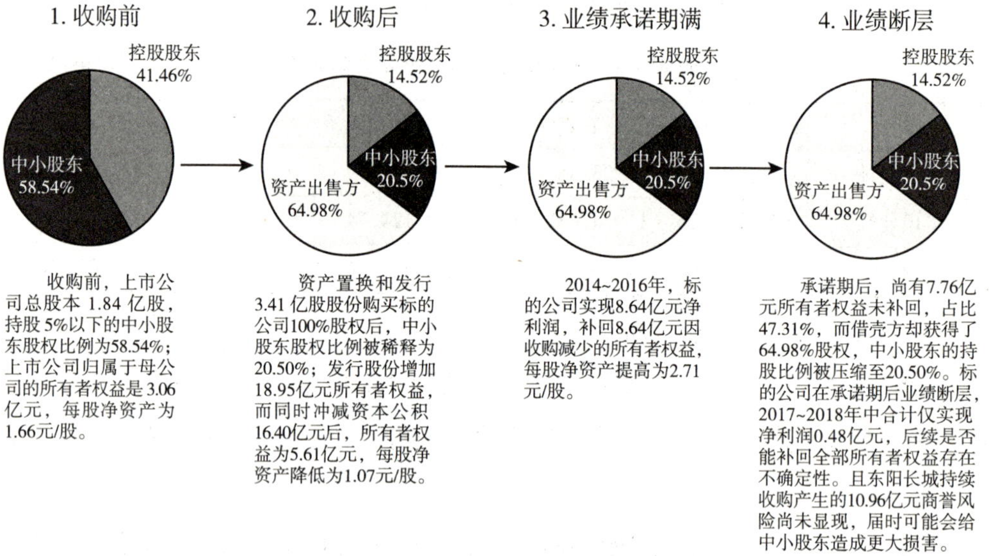

图 31－1　长城影视重组上市对上市公司股权结构和每股净资产的影响

图书在版编目(CIP)数据

持股行权案例评析：2019年/郭文英主编. --北京：法律出版社，2019
ISBN 978-7-5197-3758-0

Ⅰ. ①持… Ⅱ. ①郭… Ⅲ. ①投资者—权益保护—案例—中国 Ⅳ. ①F832.48

中国版本图书馆CIP数据核字(2019)第176636号

持股行权案例评析(2019年)
CHIGU XINGQUAN ANLI PINGXI (2019 NIAN)

郭文英 主编

策划编辑 陈 妮
责任编辑 陈 妮
装帧设计 李 瞻

出版 法律出版社
总发行 中国法律图书有限公司
经销 新华书店
印刷 固安华明印业有限公司
责任校对 马 丽
责任印制 吕亚莉

编辑统筹 法治与经济出版分社
开本 787毫米×1092毫米 1/16
印张 12.75
字数 220千
版本 2019年8月第1版
印次 2019年8月第1次印刷

法律出版社/北京市丰台区莲花池西里7号(100073)
网址/www.lawpress.com.cn
投稿邮箱/info@lawpress.com.cn
举报维权邮箱/jbwq@lawpress.com.cn
销售热线/400-660-8393
咨询电话/010-63939796

中国法律图书有限公司/北京市丰台区莲花池西里7号(100073)
全国各地中法图分、子公司销售电话：
统一销售客服/400-660-8393/6393
第一法律书店/010-83938432/8433
西安分公司/029-85330678
重庆分公司/023-67453036
上海分公司/021-62071639/1636
深圳分公司/0755-83072995

书号:ISBN 978-7-5197-3758-0
定价:66.00元
(如有缺页或倒装,中国法律图书有限公司负责退换)